「げっけいのはなし　いのちのはなし」
広がる世界

子ども達に伝えたい「性」と「生」の話

大石真那

みらい PUBLISHING

はじめに

「子どもが小さい頃からできることがこんなにたくさんあるなんて知らなかった。」
「もっと早く知りたかった。」

　乳幼児期から家庭でできる性教育についてお伝えすると、こんなお声をたくさんいただきます。

　また、「性教育が人権教育だということがよくわかった。」「性教育と聞くとどうしても恥ずかしいと思って避けてしまいがちだったけれど、生きていく上でとても大切なことなんですね。」というお声もとても多いです。

　私が性教育を始めたきっかけは、末娘を妊娠中に長男に「お母さんのお腹に赤ちゃんはどうやってきたの？」と聞かれたことでした。ですので、まさに私も最初は「セックスのことを子どもにどう伝えればいいのかな。」ということが性教育への入り口でした。

　ですが、そこから学べば学ぶほど、性教育はとても奥が深いことがわかりました。体についてきちんと知ることだけではなく、お互いの心や体を守るための防犯・安全の教育でもあるし、人と人とがお互いの違いを理解し、尊重し合いながら、それぞれが自分らしく幸せに生きるための人権教育でもある。

あれ、今までずっと性教育といえば、月経や射精等の第二次性徴から始まり、性交のことや、更には避妊や性感染症予防のこと…いわゆる「生殖」や「セックス」に関連すること、というイメージだけしか持っていなかったけれど、実は人が生きていく上でもっと知っておかなければいけない大切な要素をたくさん含んでいるのではないか。そしてそれは幸せに生きていくための土台になるものだからこそ、小さい頃から伝えていった方がいいのではないか。そう気づきました。

でもこれってすごく大切なことなのに、まだそのことに気づいている人って実は少ないんじゃないかな。だったらそれをより多くの人に知ってほしい！！

そう思って、私と同じように今子育てをしている皆さんにこのことをぜひシェアしたいと手探りで講座を始めたことが、今の活動の原点です。

そしてそんな活動の中で「げっけいのはなし　いのちのはなし」（以下、「げっけいのはなし」）という絵本が生まれました。タイトルのとおり、もちろん月経やいのちについて伝える絵本ですが、それだけではなく、これまで多くの保護者の方々とお話しさせていただいた中で、私自身が大切だなと感じていることをたくさん盛り込んで作りました。

本書は、その「げっけいのはなし」に込めた思いを一つ一つ紐解きながら、小さい頃からの性教育の大切さをより深く皆さまと共有できたらいいなと思い、書き上げました。また、これまで出会ったたくさんの方々が話してくださったような、実際にご家庭の中で困っておられること、抵抗を感じておられること、疑問に思っておられることについて、私なりの向き合い方をお伝えしていますので、今はまだ小さい頃からの性教育についてモヤモヤしておられる方も、読み終わった時にはスッキリとした気持ちでお子さんと向き合っていただけるのではないでしょうか。すでに「げっけいのはなし」を読んだことのある方はもちろん、まだ絵本の内容を知らない方にとっても、これからの子ども達のために大人として何をしていけるのか、一緒に考えていただけるような本になることを願っています。

さあ、ぜひ性教育の新たな扉を開いてみませんか。

目次

目次

第3章　読者様からの声

第4章　大事にしていきたい「性」と「生」のお話

目　次

「あれっ　おかあさん、ちが　でてる !?」

「おかあさん、けがかな？　びょうきかな？」

あるひ、たろうは　おかあさんと　おふろに
はいっていて　きがついた。

私が活動をはじめたきっかけ

ここではまず私がなぜ性教育講師としての道を選んだのか、その経緯をお話ししたいと思います。

私は以前、兵庫県の保健師として、主に県内の健康福祉事務所（保健所）等で勤務していました。業務内容は主に母子保健、精神保健、感染症対応等でしたので、行政の保健師として性教育に関わる場面は数えるほどでした。例えば、保健所では性感染症の検査を無料・匿名で受けることができますので、そこに来られた方へ個別指導をしたり、あるいは高校へ出向いていって「エイズ予防教室」と題した講義をしたこともありました。また、思春期ピアカウンセラーさんの養成に関わらせてもらったこともあったため、そういった業務に従事した時は、「やっぱり性教育って大事だな。」と感じることはあったものの、性教育は保健所のたくさんの業務の中では本当に小さな位置づけであり、実際にはそれ以外にやらなければいけないことが山ほどあるような状況。気づけば興味を持っていたことすら忘れて日々の生活に追われているのが現実でした。

ではそんな私がなぜ性教育に本腰を入れるようになったのか。それは第4子の長女を妊娠・出産したことがきっかけです。長女を妊娠した時、上の子達はそれぞれ8歳、

６歳、３歳になる年でした。そんな中、ある時、長男にある質問をされました。そう、「赤ちゃんはどうやってお母さんのお腹に来たの？」という、親なら誰もがドキッとしてしまうあの質問です。ただ、私の場合、保健師という職業柄もあってか、あまり戸惑うことはなかったです。純粋に「どう伝えたらわかりやすいかな。」と考えて、そこから自分なりに家庭での性教育を始めました。それが２０１７年のことです。２０１８年からいわゆる「おうち性教育」ブームが始まったと言われているので、そのちょうど同じ時期ですね。そこで独学でいろいろと調べながら子ども達に実践していくうちに、親が子どもに家庭で性教育をすることのメリットをすごく実感しました。また、それと同時に、学校で習うと思っていた性教育が、実は日本はすごく遅れているということがわかり、これはぜひ同じように子育てをしている親御さん達にシェアしたいなと思ったことから、娘を出産後の育児休暇中に、地元の小学校区の子育て支援センターのようなところで講座をさせてもらったのが今の活動の原点です。おそらく参加者は３～４組だったように思いますし、周りで我が子達４人もわちゃわちゃとした中でのお話し会で、今思い出すと恥ずかしくなるような内容の薄いものだったと思いますが、最初の一歩があったからこそ今の私があるので、あの時快く場を貸してくださった施設の方には今でも本当に感謝をしています。また、その時の参加者の方とも先日数年ぶりにお話しする機会があったのですが、これまでの軌跡を振り返れたようでとても感慨深かったです。

そしてもう一つ、４人目にして初めて娘が生まれたということも私の中では大きな出来事でした。「それもジェンダーバイアスの一つですね」ととある方に指摘されたことがあったのですが、確かに私も息子３人の時には家庭での性教育について全く意識がなかったです。でも初めて女の子が生まれたことで、「あれ？　お風呂上がりに真っ裸で走り回っている息子達をこんなに野放しにしておいていいのかな？」「娘のおむつ替えを息子達に見せてもいいのかな？」などという、今まで気にしていなかった日常生活の様々な場面が気になるようになりました。また、できれば予期せぬ時期の妊娠は避けてほしいし、もちろん性被害に遭うようなことはあってほしくない。娘や娘世代の女の子達を守りたいなという思いも性教育への熱意の大きな要因になっていると思います。性教育を深く学んでいる今となっては、男の子も性被害に遭う可能性はもちろんあることもわかっていますし、性別を問わず誰にも性教育は必要であることはよく理解しているつもりですが、当時の私はそこがスタートだったというのが正直なところです。

　そこから少しずつ乳幼児の保護者向けの講座を広げていきました。育児休暇中の半年間で20回ほど開催したと記憶しています。そして一度は育休から復帰し、その後も休日や夜間等を利用して細々と活動を続けていたのですが、そこにコロナ禍がやってきました。これが私にとっては大きな転機でした。

　まずはオンラインが普及したことにより、オンラインでも全国各地の保護者の方に私の話を届けられるようになったこと。それまでは身近な子育て支援センターやカフェ、友人宅等のリアルな場でしか講座を開催していなかったのですが、オンラインでも講座ができるということで、私の話をたくさんの方々に届けられる可能性が広がりました。

そして、オンラインの普及で私の活動に共感し応援してくれる仲間にたくさん出会えたことも大きな要因でした。その中でも私の人生観を変えてくれたのが、２０２０年９月に入会し、今も参加し続けているＨＵＣ（母親アップデートコミュニティ）です。ここには本当に様々なメンバーが集まっていて、まさに１００人１００通りの母親のあり方を知ることができました。入会当時、行政の保健師（いわゆる地方公務員）であり、なおかつ４人の子どもの母親であった私は、子ども達の成長を見守りながらこの安定した代り映えの無い生活を定年まで続ける以外の選択肢はもう自分には無いと思っていました。でも、母親であったとしても、もっと自分らしく生きていい。選択肢はたくさんある。そう思わせてくれる仲間の存在があったこと、そして私の活動を全力で応援してくれる人達がいたことは、何物にも代えられない幸運なめぐりあわせであったと今でも心から感謝しています。

そしてもう一つ大きかったことが、コロナ禍での中高生の妊娠相談が増えたというニュースです。それまでは主に乳幼児の保護者の方々に向けた講座のみを実施し、それはある程度好評を得ていたのですが、でもそれだけでは今まさに性の問題に直面する可能性のある若い世代にはそれは届かない。やはりそこにも直接アプローチしたい。しかしそれは通常の保健所業務の中ではできないことでしたし（ちょうどコロナ禍で保健所は通常業務もままならない状況でした）、中高生へアプローチするための知識を得る時間も無い。そこで、それまでの仕事を退職し、性教育に専念する道を選んだのです。２０２１年春の出来事でした。

奇しくも同じ時期に絵本「げっけいのはなし」を出版することができ、そこからクラウドファンディングでたくさんのご支援をいただき、それらを全国各地に届けることができました。また、居住地である兵庫県明石市を中心に学校等での講演にも少しずつ呼んでいただける機会が増え、ありがたいことに活動が軌道に乗って今に至ります。

２０２２年４月にはＮＰＯ法人ＨＩＫＩＤＡＳＨＩを設立。「子ども達の生きる力を引き出す」をコンセプトに、性教育を中心に、子ども達に様々な教育や機会の提供を行っています。具体的には、講演活動で得た資金をもとに絵本の寄贈を継続したり、もっと幅広く性教育に関する知識を啓発するための性教育カフェを開催するなど、少しずつ活動の幅が広がっています。

ただ、まだまだやらなければいけないことはたくさんあります。性教育の道を進むと決めた時に掲げたスローガンは「すべての子ども達に包括的性教育を」。私が講演に呼んでもらえる場が増えるのはもちろんありがたいことですが、でもそれでは話を聞く機会が得られた子と得られなかった子で知識に差が出てしまいます。もちろん、私の居住地周辺で性教育に携わっているのは私だけではないので、私以外が性教育の講演をされている学校もありますが、通う学校によって受けられる性教育に差があるという現状は確かです。例えば、学校によって外部講師による講演のある学年が異なりますし、管理職の先生が変われば話していい講演内容が変わったりもする。そんな例も珍しくありません。その学校のその年度の先生方がいったい性教育にどのくらい理解を示してくださっているかどうかで、子ども達が受けられる性教育は変わってしまう。今の性教育が悲しいことに「運次第」と言われているのはそんな状況だからです。それを「運次第」で終わらせないためにどうすればいいのか。国際的な性教育の基準である「国際セクシュアリティ教育ガイダンス」に基づいた包括的性教育（※P.30のコラム参照）を、すべての子ども達が一律に系統立てて受けられる環境が整うためには何が必要なのか。

　そのためにはまず子ども達を取り巻く大人達が一人でも多く包括的性教育の必要性を知ること。そして家庭・学校・地域が共通認識を持って子ども達に接していくことが必要だと思っています。そのために私にできることは何かと考えた時に、一つはこの書籍を出版するということを思いつきました。どうかこの本が少しでも多くの大人の皆さんに届きますように。そしてすべての子ども達が充分な性教育を受けられる環境が整うことを願って、筆を進めていきたいと思います。

第1章

なぜ小さい頃から性教育が必要なのか

皆さんは「性教育」と聞くとどのようなことが思い浮かぶでしょうか。おそらく、「第二次性徴について」または「避妊や性感染症について」あるいは「ある日、女子だけが集められて…」という記憶がある方もいるかもしれません。いずれにしても「思春期になって学校で習うもの」というイメージをお持ちの方がほとんどだと思います。

でも私は小さい頃から家庭でできることもたくさんあるということを皆さんに知っていただきたくて活動を続けています。ではなぜ乳幼児期からの家庭での性教育がオススメなのか、まずはその理由を一緒に押さえておきたいと思います。

私達の時代とは大きく違う

家庭での性教育について話すと、「自分達もそんなことを親から聞かなかったけれど特に何も困らずに育ってきたんだから必要ないのではないか。」という声もまだまだたくさん聞こえます。でもまずは「私達の幼少期とは時代が大きく違っている」ということが大前提。まずはそれを認識しておく必要があります。その大きな要因がインターネットそしてＳＮＳの普及です。

今、子ども達の手の中にありとあらゆる情報が溢れています。もちろん、使い方によってはとても便利なものですが、そこにある情報は必ずしもすべて正しいもの、有益なものばかりであるとは限りません。そうして子ども達が意図してたくさんの「性」に関する情報にアクセスすることも可能ですし、たとえ意図しなくても、ただ感覚的に使っているような幼いお子さんでも有益でない情報を目にしてしまう可能性も大いにあります。もちろんフィルター機能等もありますのでそれを親が設定しておくことも大切です。しかしそれをしても100%情報をコントロールすることは困難な状況です。そうした中で、お子さん自身が自分にとって必要な情報、有益な情報をきちんと取捨選択していく力をつけられるように、偏った情報に惑わされないように、早くから正しい知識を伝えていく必要があると考えています。

学校での性教育は運次第

性教育は家庭ではなく学校で習うものと私も思っていました。しかし、日本の性教育は過去に大きなバッシングがあって以来、今も停滞したままです。指導要領上にはいわゆる「歯止め規定」というものがあり、例えば小学校4年生の保健体育で第二次性徴を扱い、月経や射精について習います。また、小学校5年生の理科で人の受精について習いますが、「人の受精に至る過程は取り扱わないものとする」と書かれています。また、中学校1年生の保健体育で人の受精卵がどう胎内で成長するかを学びますが、「妊娠の経過は取り扱わないものとする」と書かれています。つまり、精子と卵子が出会って赤ちゃんになる、お母さんのお腹の中でこうやって大きくなって赤ちゃんは生まれてくる、ということは習うものの、「その精子と卵子はどうやって出会うのか？」ということ、つまり「性交」については義務教育の間は指導要領上は触れないということになっています。

もちろん、このいわゆる「歯止め規定」の内容については、各学校でその必要性があると判断すれば指導することはできるそうなのですが、過去のバッシングの経緯や、先生方自身もどう伝えたらいいのかというノウハウが充分ではない中で、なかなか踏み込んだところまで指導される先生が少ないのが現状です。

そうした中で、私のような外部講師の出番となることも多いのですが、ただ、外部講師の活用状況は学校により様々です。もちろん、自治体によっては充分な予算化がされていたりカリキュラムとして組み込まれているところもあると思いますが、まだまだそれぞれの学校の判断で外部講師による性教育の実施の有無が決められているところも少なくないような印象です。

私は主に兵庫県明石市で活動していますが、例えば市内の中学校に呼んでいただくにしても、対象となる学年は学校によって様々で、全学年にそれぞれ講演をするところもあれば、どこか1学年だけのところもあります。また、2年連続で同じ学校に呼んでいただけたとしても、予算的な関係で年度によってお話しする学年が増えたり減ったりすることもあります。

もちろん、私以外にも、私が住んでいる地域で性教育の講師をされている方はおられますので、私が行っていない学校や学年に他の講師が入っているということもあります。

ただ、講師が違えば伝える内容も変わってきますし、同じ学校でも学年ごとに違う講師が入ることで、内容に重なりや漏れが生じてしまうと、なかなか系統立てたものにはなりません。それに、例えば国語や数学等は何回も同じ内容を復習しながら身につけていくものであるのに対して、性教育は1年に1回、あるいは数年に1回の講演であることが多く、それですべてを身につけるのは到底困難です。性教育も他の教科と同じように、年に何度か、できれば同じ教師または外部講師が関わって、復習をしながら包括的に学んでいけることが理想なのですが、そういう体制が整っている学校はまだほとんどありません。

また、たとえ外部講師として講演をさせていただくとしても、その学校の先生方のご判断で、学習指導要領を超える内容については触れないでほしいと希望される学校もありますし、同じ学校であったとしても年度によってその判断が変わることもあります。このような状況から、子ども達がどんな性教育を受けられるのかはその時になってみないとわからない。「運次第」と言われているのはそういう背景があるからなのです。

こんなにも子ども達を取り巻く状況は変わっているのに、学校における性教育はここ数十年ほとんど変わっていない。それを知ると、もし家庭でできることがあるのなら、それはぜひやっていった方がいいのではないか。そう思いませんか。

性被害から子ども達を守るために

性被害というのは、何も女らしい体つきになってから痴漢に遭う、レイプ被害に遭うというものだけではありません。何をされているかわからない小さな子が被害に遭う可能性も十分にあります。そしてもちろん、今回のジャニーズ事務所の問題でも明るみに出たように、男の子が被害に遭うことも十分にあり得ます。令和２年度の内閣府男女共同参画局による「男女間における暴力に関する調査」では、女性の約１４人に１人、男性の約１００人に１人が、無理やりに性交等をされた被害経験があるという結果が出ています。また、加害者が「まったく知らない人」である率は約１割で、加害者が何らかの顔見知りである率が大変高いことがわかります。子ども達に「怪しい人ってどんな人？」と聞くと「サングラスとマスク」と答えたりしますが、そんな見るからに怪しい格好の加害者はほとんどいません。むしろ見た目では判断できないことがほとんどです。

また、「知らない人についていってはいけない」ということをよく言いますが、「知らない人」の定義も大人と子どもでは認識にかなりの差があります。大人にとって「知らない人」の範疇に入るような、「毎朝登校中に犬の散歩ですれ違う人」や「いつも公園で見かける人」も、子どもは「知っている人」だと判断してしまう可能性があります。ですので、「知らない人についていってはいけない」だけでは防ぎきれないことが多々あるんですよね。

だからこそ、自分の体についてきちんと知っておくこと、そして何をされたらおかしいのかを知り、そういう時の対処法を伝えておくこと。それが大切だと考えています。

思春期になって親からの性教育を始めるのは実はとてもハードルが高い。

家庭での性教育、という話をすると、時々「子どもに彼氏彼女ができるようになったら避妊のこととかは話さないといけないかな…」という方がおられます。また、そうではなくても、そろそろ初潮を迎えそうだから、体つきが変わってきそうだから始めようとお考えの方も多いように思います。ですが、お子さんが思春期にもなると、親、特に異性の親と性の話をするのは恥ずかしい、照れくさい、抵抗があると感じるようになるお子さんも多いのではないでしょうか。また、性の話に限らず、急に親と口をきかなくなる、そっけない態度ばかり取るようになるのも、ある意味その時期の反応としては正常です。でもそうなってしまうことを考えると、思春期から親子で性の話を始めるのはややハードルが高いかもしれません。

対して幼児期はいろいろなことに興味を持ち、何でも素直に親に質問をしてくる時期です。皆さんもお子さんからの「なんでなの？」という質問に、時に微笑ましく思いながら、そして時に少し疲れるほど向き合ってきたのではないでしょうか。でも、そういう時期に説明をすると、子ども達は驚くほど素直に理解してくれます。そしてどの子も目をパッと輝かせます。知りたい時に知ることができるってとても大切なんだなと思う瞬間です。

例えば我が子のように「赤ちゃんってお母さんのお腹にどうやってきたの？」と思うことは、子どもにとってはごくごく自然な疑問です。それに対して大人はドギマギしてしまうことも多いですが、子どもにとってはあくまで「お空はどうして青いの？」「象の鼻はなんで長いの？」と同じように聞いたままのことで、そこに恥ずかしさや照れはありません。ましてや「親を困らせる質問をしてやろう」という邪念もありません（笑）。本当に素朴な疑問なのです。要はそれを受け取る親の側の問題ということですね。

そんな時にどう対応すればいいかは後ほど詳しくご説明しますが、この時期からきちんと向き合っていくことで、性の話がタブーではない環境を作っていくことができます。

また、思春期になるとどうしても、特に異性の親と性の話をすることに抵抗が出てくるお子さんもいますが、乳幼児期は親や子の性別に関わらず同じように性教育ができるのも大きなメリットですし、周りの大人達が共通の認識で関わることでお子さんの混乱も防げます。ぜひお父さんもお母さんも一緒に学びを深めてもらえたらと思います。

子ども達は親や周りの大人から大きな影響を受けて育つ。

小さい頃、子ども達は家庭を中心とした小さな世界で生きています。そんな中では、日々関わる親や周りの大人からの影響をとても大きく受けます。だからこそ、お子さんが小さいうちにぜひ親御さんや子ども達の周りにいる大人の皆さんご自身が持っている価値観やバイアスに気づいてもらえたらと思います。

例えば、セックスや月経について子ども達に話すことを、「恥ずかしい」「照れくさい」「そんなことを堂々と口にするものではない」と思っていると、そのタブー感はたとえ言葉にしなくても子ども達に無意識のうちに伝わってしまいます。

また、包括的性教育では「ジェンダーの理解」という視点もとても大切ですが、まだまだ気づかないうちに「女の子なんだからこうでなければ」「男の子はこうあるべき」というような声かけや意識づけをしていないでしょうか。

そこに大人がまず気づくことが大切です。そして、その価値観はこれからの子ども達に引き継いでいいものなのか、それともここから変えていきたいのか、ぜひお子さんが小さいうちに立ち止まって考えてみていただきたいなと思います。

そういった小さい頃からの積み重ねで身についていくものは他にもたくさんあります。後の章で詳しく記載する「同意教育」に関してもそうです。例えば「コンドームの正しい使い方」といったような知識は、一度講演で聞けばある程度身につくものかもしれません。でも、包括的性教育の中には、たった一度の講演を聞いただけでは身につくものではない価値観、習慣、文化等もたくさんあります。そしてそういうものは、お子さんが小さい頃から周りの大人達が意識して関わっていくことで培われていくものだと思っています。

ぜひこれからの子ども達にどのように生きていってほしいか、これからの子ども達が生きていく社会がどのようなものであってほしいか、そんなことを考えながらこの本を読み進めていただけたらと思います。

第1章

なぜ小さい頃から性教育が必要なのか

コラム

包括的性教育とは

性教育は5歳から〜国際セクシュアリティ教育ガイダンスに基づいた包括的性教育〜

「包括的性教育」とは、ＵＮＥＳＣＯ、ＷＨＯなど複数の国際機関が合同で作成した「国際セクシュアリティ教育ガイダンス」に基づいた教育プログラムです。

具体的にはこのような八つのキーコンセプトで構成されています。

①人間関係
②価値観、人権、文化、セクシュアリティ
③ジェンダーの理解
④暴力と安全確保
⑤健康とウェルビーイング（幸福）のためのスキル
⑥人間のからだと発達
⑦セクシュアリティと性的行動
⑧性と生殖に関する健康

私達が「性教育」と聞くと、第二次性徴、月経、射精、避妊、性感染症予防…といった、いわゆる「生殖」や「セックス」に関連した知識やスキルを学ぶ、というイメージの方も多いのではないでしょうか。右のキーコンセプトでいうと⑥～⑧あたりでしょうか。

しかし、包括的性教育はそれだけではなく、人権、多様性、人間関係、ジェンダーの理解、性暴力の防止なども含めたプログラムを、科学的な事実に基づいて、5歳から体系的に学んでいくことが推奨されています。ですので、従来私達がイメージしていた狭義の性教育だけではなく、お互いの心や体を守るための「防犯・安全の教育」でもあるし、人と人とが互いの違いを理解し、尊重し合いながら、それぞれが自分らしく生きるための「人権教育」でもあるんですよね。そしてそれを基に誰もが健康で幸福に生きていくための「『生』教育」だと私は思っています。つまりそれは年に1回の講演だけで身につくものは本当に限られていて、家庭・学校・地域が一体となって、子ども達が小さい頃から連携して系統立てて取り組んでいかなければいけないものだと考えています。

すべての子ども達が、日本中どこに住んでいてもこのガイダンスに基づいた包括的性教育を受けられる環境が整っていくよう、私達はこれからも活動を続けていきたいと思います。

第2章

「げっけいのはなし　いのちのはなし」の活用ポイント

この章では、「げっけいのはなし」を製作するに至った経緯や、それぞれのページに込めた思いを一つ一つ解説していきたいと思います。実はこれまで絵本を購入してくださった方の中で、「まだうまく活用できずに本棚で眠っています。」という声もいくつかお聞きしたことがあるのですが、それはとてももったいない！　ぜひ一度お子さんと読んでみてほしいと思ったのが、そもそもこの本を書こうと思ったきっかけです。

　また、すでにお子さんと読んでくださった方からも、「ただ読み聞かせをしているだけなのですがいいのでしょうか。」というご相談をいただいたりします。もちろんそれもとても嬉しいですし、読み聞かせをすることでお子さんに伝わることもたくさんあると思います。でも、実はこの「げっけいのはなし」には、小さい頃からの家庭での性教育のポイントがいろいろなところにちりばめられているのです。それを知った上で読んでもらうと、きっとお子さんへの伝わり方が変わってくると思いますし、絵本を読んでいる時以外でも、日々の生活に活かせることがたくさんあります。それをぜひ皆さんに知っていただきたいと思います。

　では、その大切なポイントを順に解説していこうと思いますが、まずはこの絵本が作られた経緯からお話ししますね。

この絵本ができた経緯

そもそもなぜ絵本を作ろうと思ったのか。

その答えは明確です。**それは絵本が家庭での性教育においてとても心強い味方であるからです。**近年のおうち性教育ブームにより、家庭での性教育に興味を持っている人は増えているように思います。しかし、今子育て真っただ中の私達親世代は、学校で十分な性教育を受けてきた記憶の少ない人がほとんどで、ましてや自分の親から家庭で性の話を聞いたことのある人はかなり少数であるように思います。そんな中で、その大切さは理解するものの、具体的に子どもにどう伝えたらいいかわからない。知識にも自信がないですし、たとえ知識はあったとしても、子どもに面と向かって、目と目を見ながら自分の言葉だけで説明できる親御さんはいったいどのくらいおられるでしょうか。でも、絵本を介してお子さんと向き合い、あるいは横に並び、そこに書いてあることをただ読む。それだけでまず一つ家庭での性教育のハードルはぐんと下がります。更に、体の仕組み等を理解する時、子ども達もただ言葉で説明を聞くだけではなく視覚的な情報がある方が、その理解がぐんと深まったり記憶に残りやすかったりします。実際、小学校4年生のお子さんに性交について質問された際も、まず言葉だけで説明したところ、「よくわからない」、まさに頭の中にクエスチョンマークが浮かんでいるような反応でした。そのお子さんに、今度は絵本を見せながら説明すると、「あ、なるほど、よくわかった」

とすっきりした表情を見せてくれました。視覚的な情報があることで理解が深まった瞬間でした。また、絵本であれば、お子さんが文字を覚え始めたら自分でもすぐに読むことができますし、ただ絵を眺めるだけでも得られる情報はたくさんあると思います。実際私自身も我が子達への性教育の実践に絵本を用いることが多かったことですし、子ども達も今でも時々自分で絵本を読んでいます。このように、家庭での性教育における絵本の有効性は私自身が身をもって感じているところなので、ぜひいつか性教育の絵本を作りたいと思っていました。

なぜ「月経をテーマにした絵本」を作ろうと思ったのか。

それは、講座で出会う多くのお母さん達に、「子どもに月経のことをどう伝えたらいいのかわからない。」「お風呂で子どもに経血を見られてどうしたらいいかわからなかった。」というご相談をたくさん受けたからです。もちろん、当時もすでに性教育の絵本がたくさん出版されていたのですが、でもその中で「月経に関してはこれ！」と心からお勧めできる絵本が、残念ながら私の中で見つかっていませんでした。というのも、月経というのは単にその機序を説明できれば良いわけではありません。そこから派生して伝えておきたいことがたくさんあります。でもそれをすべてうまく表してくれている絵本はまだない。それなら自分で作りたいなと思っていた時に、ご縁あってみらいパブリッシング様と出会い、出版に至りました。

月経の機序以外に伝えたかったこと

　では、私が機序以外に伝えたかった月経のこと。それを一つ一つご説明していこうと思います。

男の子にも伝えられること

　これまで講座に来てくださった保護者の皆さまに、「どんな性教育を受けた記憶があるか」を問うと、多い回答として出てくるのが、「女子だけ集められて月経の話を聞いた。」というものです。そこから月経はブラックボックス化されてしまい、簡単には話題にできないことになってここまで生きてきた人も多いのではないでしょうか。そして、中身が見えないからこそ知りたくなる、からかいたくなるのも人間の習性としてはよくあることで、男子に月経のことを指摘されたつらい経験がいつまでも記憶として残っている方もたくさんおられました。今でも初経指導が男女別で行われている学校も多く、養護教諭向けの研修をさせてもらった時も、「これからは初経指導を男女一緒にしなければいけないのでしょうか」と養護教諭の先生自身が抵抗を感じておられるような文面も見受けられました。

でもどうして分ける必要があるのでしょうか。女性が社会で活躍するようになった現代において、２０１８年の経済産業省の試算によると、月経随伴症状に伴う労働損失は約４，９００億円にのぼるとされています。そのため今では企業内で月経随伴症状についての理解を促すような取り組みも増えてきているようですが、社会に出るまでタブー視されてきたものを、急に理解し合おうと言われてもそれはなかなか難しいことです。

月経は多くの女性にほぼ毎月起こること。国際セクシュアリティ教育ガイダンスにおいても、「月経は一般的なことで、女子の身体的発達の自然な一部であり、秘密やスティグ

「さいしょは　なれなくて　ふくを　よごしたり、
たいいくや　プールの　じかんに　けんがくする
おんなのこが　いるかもしれない…。
そんなときは　からかったりしないで、
やさしく　みまもって　あげようね」

「でもさ、ちが　でたら　パンツが　ぬれちゃうね！」
「そのときは、ナプキンという、
ちを　すいとってくれるものを
つかうことが　おおいのよ。
それを　いちにちに　なんどか
とりかえるの」

マとして扱われるべきでない」と記載されています。これは月経に限らず日頃性教育全体を通して思うことですが、人は自分の体を知るのはもちろんのこと、相手との違いを知り、それを尊重し合うことも大変重要です。知らないからこそどうしていいかわからない。でも、知っていれば相手の気持ちを推しはかることができます。現に、私はいろいろな学校で男女一緒に月経の話をさせてもらいますが、男子からは「今まできちんと知る機会がなかったから知れて良かった。」「おなかが痛いと休んでいた女子を『ずるい』と言ってしまったことがあったけれど、そうではなかったとわかって反省した。」「いつかパートナーができたら気遣えるようになりたい。」という声が多く聞こえます。また、女子からも「男子と一緒に聞くのは最初は気まずいと思ったけれど、一緒に聞いたことでちょっとはわかってもらえたかなと安心できた。」というような感想が寄せられます。

　また、早くに知れば知るほど、「研修や講演で新たに知った特別なこと」ではなく、「体に起こる当たり前のこと」として理解できると思うんです。

　前置きが長くなりましたが、だからこそ、男の子にも小さい頃から当たり前のように知ってほしいという願いを込めて、男の子を主人公にした月経の絵本を作りたい。これは構想が浮かんだ当初から絶対に譲れなかったポイントの一つでした。

体の中で何が起こっているのかを科学的に理解できること

通常、小学校では4年生の保健体育で月経について習います。そして前述のような初経指導が小学校4~5年生の野外活動等の前に女子だけ集められて行われる学校も今でも多いと聞いています。でも多くの場合、子ども達の理解は「どうやら一定の年齢になると、女の子はおまたから血が出るらしいので、その場合にはナプキンを使って対処するようだ」という程度なのではないでしょうか。実際に、学校で習ってきたという女の子数名にインタビューをしたことがありましたが、「月経の血はおしっこと一緒に出てくるんじゃないの?」「え！　おしっこの出口

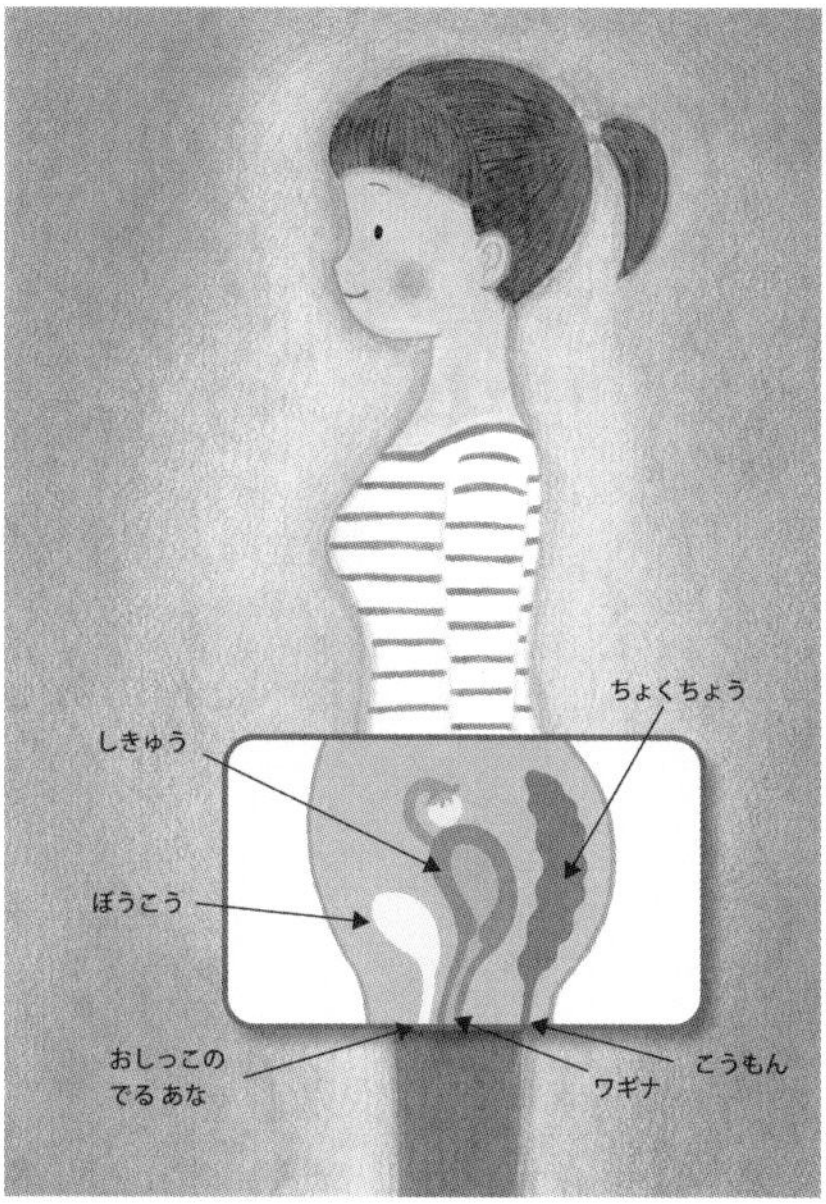

とうんちの出口の間にもう一つ穴があるなんて知らなかった！」という反応でした。これで果たして本当に月経について学習できていると言えるでしょうか。月経というのは、体のどこで何が起こっているということなのか、それをきちんと理解してほしいと考えました。

月経があるということは妊娠できる体になっていることを理解してほしい

これは一つ前の内容とも繋がっていますがとても大切なところです。

ここで月経の機序についてのおさらいですが、月経というのは、排卵したけれども妊娠しなかった結果、子宮内膜が剥離して血液と一緒に体外に出てくる現象のことです。つま

り、月経があるということは、基本的にはその前に排卵があるということ。つまり、初潮を迎えたということは、性交をすれば妊娠する可能性がある体になったということです。たとえ小学生や中学生であったとしても。でも、それを認識するためには、生殖の仕組み、つまり性交について理解しておかなければいけないのですが、前述のとおり、義務教育の間は学習指導要領上は性交について触れないことになっています。かたや、子ども達の周りにはマンガやドラマ、動画等で、興味をそそる性交の描写はたくさんあります。つまり、「寝た子を起こすな」という観点から日本の性教育には歯止めがかかっていますが、子ども達が早期からいろいろな情報を目にする機会はたくさんある。そうした中で、体のことをきちんと理解しないまま、興味だけで行為に及んでしまうようなことに繋がらないとも限りません。

たくさんの情報に触れてしまう今だからこそ、月経があるということは自分の体が生殖機能を持ち始めているということ、そして性交をすれば妊娠する可能性があることをきちんと知る機会が必要であると感じています。これを理解せずに興味だけで行為に及んでしまうと、予期せぬ妊娠に繋がる恐れがある。中途半端な情報だけでは、子ども達をかえって危険にさらします。だからこそ、月経を語る上で性交についても切り離せない。これも当初から譲れない点の一つでした。

男女問わず、月経を自分事として捉えてほしい。

いくら男の子を主人公にしても、どうしても「月経は女性のもの」という印象はぬぐえないかもしれません。でもそれだけではなくて、みんな自分のお母さんに月経があったから生まれてきた。そうやって命は繋がってきた。それを知ることで、月経を身近なもの、そして大切なものとして捉えてほしいという思いがありました。

伝えたかった「産まない権利」と生き方の多様性

前述したように、「月経は命を繋ぐ大切なもの」であるからこそ、男

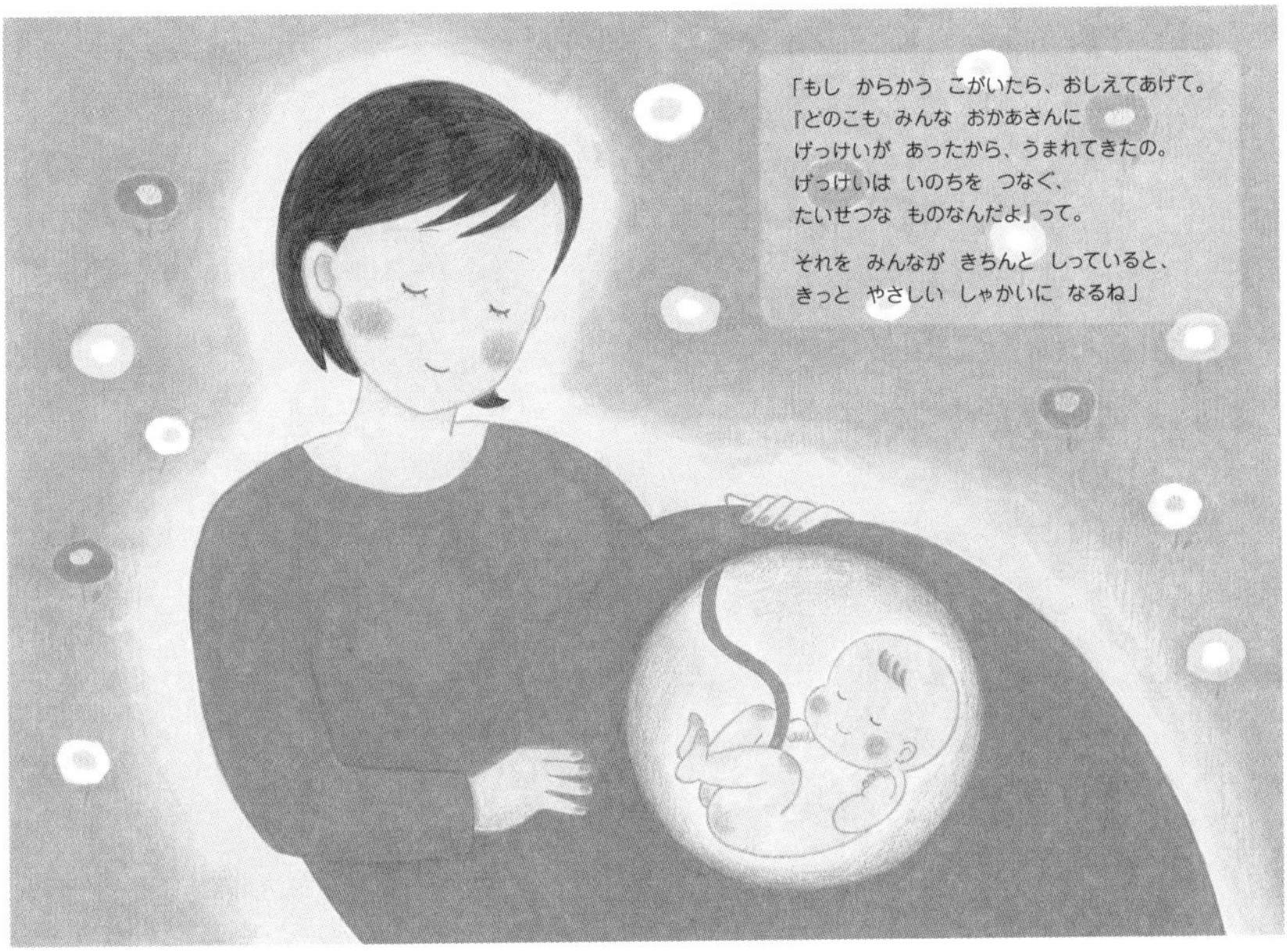

女問わず月経について知ってほしいという思いがあってこの絵本を作りました。ですのでそれもこの絵本を通して伝えたかった大きなメッセージの一つです。でもそれと同時に、「月経があるならみんな命を繋がなければいけない。」というメッセージにはしたくなかった。月経があるからといって、将来必ずしも産まなければいけないということではない。誰もが自由に生きる権利がある。これもとても強く伝えたかったメッセージです。

私が性教育を行う上で大切にしているのが、「リプロダクティブ・ヘルス／ライツ＝性と生殖に関する健康と権利」です。産むか産まないか、産むならいつ何人産むかを自由に決める権利が誰にもあります。そしてそれだけではなく、仕事も結婚も子育ても、どんな性や姓で誰と生きていくかも、誰もが自由に決める権利がある。誰もが自分らしく幸せに生きるための性教育＝「生」教育というのが私の中にある一つの大きな軸なので、それをきちんと伝えられる絵本にしたいなという思いがありました。

こんな思いを詰め込んでできあがったのが、「げっけいのはなし」なのです。では、この絵本のポイントを、皆さんから寄せられたお悩みに沿って解説していきたいと思います。

皆さんから寄せられたお悩みにそって解説Q＆A

Q：月経の絵本を男の子に読んでもいいのですか？

もちろんです。先述したように、男の子にも読んでもらえるように、主人公を男の子に設定しました。詳しくはP．37をご覧ください。

Q：主人公の年齢設定には何か意味がありますか？

はい。ここには理由が二つあります。一つ目は、第二次性徴の始まる時期が関連しています。通常、小学校では4年生の保健体育で第二次性徴について習いますが、早ければそれ以前に心身の変化がみられる子もいます。絵本の中に、「男の子も女の子もたろうくらいの歳から…」という記述が出てくるのですが、だいたいこの頃から心身の変化が出るということを知ってほしかったというのが一つ。そしてもう一つ、これまで家庭でできる性教育について1000名を越える保護者の皆さまにお話をしてきましたが、お子さんと性の話をする上でお子さんに恥ずかしさや照れのようなものが生じる年齢として、小学校2～3年生くらいが境になるお子さんが多いという印象があるからです。逆にその前ですと、きちんと体の仕組み、生物の仕組みとして素直に科学的に理解できる。その2点を踏まえて、一つの節目となる年齢である小学校3年生という設定にしました。

Q：主人公は小学校3年生ですが、そのくらいの年齢になるまで読まない方がいいですか？

もちろん、その頃からより自分事として理解が深まるとは思いますが、そこまで待たなければいけないことは全くありません。後にも詳しくご説明しますが、家庭での性教育はお子さんが興味を持ってくれた時が大きなチャンスです。お子さんが何かを「知りたい」と思った時にきちんと向き合うと、驚くほど素直に理解し吸収してくれますし、親が自分に向き合ってくれた経験は、親子の信頼関係アップにも繋がります。ですので、月経や体の仕組みについて興味を持ってくれる機会があればぜひ話してみてはいかがでしょうか。

またそれ以前でも、純粋にこの絵が好きだなと思うなど、内容はまだあまり理解できなくても絵本そのものに興味を示してくれた時期から繰り返し読み聞かせをしてみるのも一つの方法だと思います。私はいつも地元の図書館に行った際には「げっけいのはなし」が置いてあるコーナーを覗いてみるのですが、まだ2歳くらいのお子さんが一生懸命ページをめくってくれている姿に遭遇したことがあります。まだ字は読めなくても、イラストがとても優しい雰囲気なので気に入ってくれたんでしょうね。そのような時期から、寝る前の読み聞かせの1冊として楽しんでくださっているご家庭もあります。

また、もう少し大きくなれば、お子さん一人でも読めるように全編ひらがな表記にしています。親子での読み聞かせはもちろん、ひらがなが読める年齢からお子さん自身が繰り返し読んでくれる。「性教育の絵本」だと特別視せずに、「気づいたらいつもそばにあったお気に入りの絵本」の1冊になるならこんなに嬉しいことはありません。

もちろん、最初からすべて理解するのは難しいかもしれませんが、初めはただ何となく好きだった絵本が、年齢が上がるにつれて自分事になっていくことも多いと思います。実際の読者さんでも、最初に読み始めた時は小学校1年生だったお子さんが、3年生になり少しずつ月経が身近になってきて、「あの絵本に書いてあったのはこういうことだったんだ」と理解を深めてくれた、というお話も聞きました。

また、中学校や高校にも寄贈しているのですが、熱心に読んでくれている生徒さんが多いと聞きます。年齢を問わず、その時その時にそれぞれの心に残る内容を多く盛り込んでいますので、まずはお子さんの年齢を気にせずに、ぜひ一度一緒に読んでみてください。その上で、まだ興味を示さなくても大丈夫。その子のタイミングに合わせて何度でも話ができるのも家庭での性教育の良いところ。また時間を置いて一緒にページをめくってみてくださいね。

確かに、この物語は主人公がお母さんと妹と入浴中に、お母さんから血が出ていることに気づく場面から始まります。これは、これまで講座に来てくださった親御さんから、「こんな時に子どもにどう説明すればいいかわからない。」、あるいは「この機会に子どもに月経について説明しています。」というお話をよく聞いたからです。ですので、皆さんがより想像しやすいシチュエーションなのではないかと思い、この書き出しにしました。

ただ、ここでお伝えしておきたいのですが、必ずしも月経の時に経血を子どもに見せましょうということではありません。これまで多くの親御さんとお話ししてきていちばん強く感じることは、「性に対する価値観は本当に千差万別だ」ということ。中にはお子さんに経血を見せることに抵抗を感じる人ももちろんおられると思います。それを無理に見せて性教育の機会にしてくださいとは思いません。ただ、どんなタイミングで話せばいいか悩んでいる方にとっては一つの良い機会になると思います。また、これまでお子さんの前で一生懸命月経を「無いもの」として隠してきた、というお話もたくさん聞きましたが、もしそうやって頑張ってこられた方には、当たり前にあるものとして無理に隠さず、逆に話をする機会にしてみてはどうかなという提案の意味も込めてこの書き出しにしました。実際、絵本を読んでくださった方の中には、「今まで経血を何とか子どもに見せないように隠してきましたが、見せてもいいんだと気が楽になりました。」というお声もいただいていますし、月経をタブー視したり特別視することなく、自然にあるものだということをお子さんが知っているご家庭が増えることで、月経について理解の深まる社会になっていくのではないかなと私は思っています。

それでもやっぱり抵抗があるという方ももちろんいらっしゃると思います。ここでいつもお伝えしていることは、家庭での性教育は、まず親御さんご自身が、これまで持っていた性に対する価値観を見つめ直すところから始めてみてください、ということです。どうしてそこに抵抗を感じるのでしょうか。それでも家庭での性教育をやっていきたいなと思う理由はなんでしょうか。皆さんきっと、お子さんの将来のために、親として何ができるかなということを一生懸命考えておられる思いは共通だと思います。そこさえぶれなければ、方法はいくらでもあると思っています。

ポイントは「無理なく気負わず楽しく」です。この本に書いているのはあくまで私なりのやり方であって、それをすべてぜひ実践してくださいとは言いません。この本を読んで何を感じるかということとそれぞれ向き合っていただき、その中からご自分が取り入れられそうなこと、お子さんのためにぜひやってみたいなと思うことを実践していただけたらと思っています。

Q：お風呂で子どもが経血に気づいた時、まずどんな説明をすればいいでしょうか？

絵本の中でも、お母さんの経血を見て主人公はびっくりします。こういう場面になると親は慌ててしまうかもしれませんが、お子さんの気持ちになって一度考えてみてください。子どもって、例えば転んで擦り傷ができて少し出血しただけでも大騒ぎです。それだけ「血が出る」ということは子どもにとっては一大事ですよね。ましてや大好きなお母さんの体から血が出ている。大丈夫かな、死ぬんじゃないかな。そんな恐怖を感じたお子さんもいたと聞いたことがあります。ですのでまずは「怪我でも病気でもない。」と伝えてあげてください。その上で、「大切なことなんだよ。」という話に繋げられるといいですね。

Q：どんなタイミングで子どもに月経のことを説明すればいいのでしょうか？

それはずばり「お子さんが知りたいと思うタイミングで」がいちばんです。この絵本にあるように、お子さんが経血に気づいた時は大きなチャンスですね。ここでこの絵本の中でのやりとりに、一つ性教育のポイントをひそませています。それは、「ちょっと難しい話になるけど聞きたい？」「うん、聞きたい」というセリフ。何気ないやりとりのように思いますが、お子さんに「今、聞く準備ができているか」ということをきちんと確認している、実は大切なやりとりなんです。

私は保護者向けの性教育だけではなく、ここ数年は小学校・中学校・高校等での性教育講演にも呼んでいただいています。大勢の児童・生徒さんに一斉に性教育をするのはなかなか難しい面もあります。同じ学年と言っても、１００人いれば理解度や関心の高さ、すでに持っている知識等様々です。興味があってすごくすんなり理解できる子もいれば、聞きたくないなと耳を塞ぎがちな子、何だか難しい話ばかりだったと感じる子、すでにネット等からいろいろな情報を得ていて冷やかし半分で聞いている子、本当にいろいろいます。もちろん、最大公約数を狙って、できるだけ多くの子ども達に響くような話をできるように努力はしますが、

全員の心に響く内容を話すのは正直なかなか難しいです。（これはまだ私の力量不足のところもあるのですが…）

その点、家庭での性教育は、お子さんの興味や理解度・関心の高さに応じて、何度でも繰り返し話ができるというところが最大のメリットです。ぜひ、お子さんが「今聞きたい」というタイミングで、たくさんの会話を積み重ねていってほしいと思います。

逆に、この絵本のようにお風呂でお子さんが経血に興味を示したとします。親としては「きたー！！　チャーンス！！」と鼻息荒くなる方もおられるかもしれません（仕事柄、私はついついそうなってしまいます　笑）。そしてここぞとばかりに話を始めようとしても、お子さんに聞く準備ができていない時は、すでにお子さんの興味は別のところへ移っているかもしれません。そんな時は無理に話そうとしなくても結構です。「せっかく話そうと思ったのに！！」と怒ったりがっかりしたりしないでください。たとえその時には話せなくても、経血に興味を示したことをスルーしたりごまかしたりしなければそれでＯＫ。タブーにしない環境さえ作っておけば、お子さんがまた聞きたいなと思うタイミングが必ず来ます。焦らず、その時を待ってみてください。

そうは言っても、「待っていたらいつになってもうちの子聞いてこないんですけど…」というケースも中にはあります。そういう場合は、例えばお風呂から上がった後に、「そういえばさっきお母さんから血が出ていたのを見たと思うけど、それについて書いてある絵本があるから一緒に読んでみない？」と話を振ってみてもいいでしょう。そこでもし興味を示してくれればしめたもの。「げっけいのはなし」の出番です。ぜひご活用ください。

また、それでもなかなか興味を示さずにどんどん成長していくお子さんも中にはおられます。そういう場合は、やはりたろうくんのような小学校2〜3年生を目安に親御さんから機会を作ってみてはいかがでしょうか。「あなたの心や体がこれから少しずつ大人に近づいていく大切な話だから、ぜひ聞いてほしい。」という親御さんの真剣な思いはきっとお子さんに伝わると思いますよ。

Q：月経について伝える時のポイントを知りたい。

そうですよね。後ほど性交についても出てきますが、家庭での性教育で悩まれるのはやはり月経や性交をどう伝えるかだと思います。ポイントは「科学的に淡々と」。体の仕組みとして説明をするということです。

と言いつつも、この絵本では月経の機序を説明するに当たり、少し可愛くデフォルメしたイラストを使っています。「赤ちゃんのベッド」という例えを用いることで、小さなお子さんでも「大切なものなんだな」とイメージしやすいと思ったからです。そこから年齢に応じて、「この赤ちゃんのベッドは子宮の内側の膜、子宮内膜と言うんだよ。」と補足してあげてください。

　そしてもう一つこだわったポイントとして、それが体のどこで起こっているのかを確実にイメージできるようにしたいと思いました。つまり、「赤ちゃんのベッドが子宮というお部屋にある」というだけでは不十分で、その子宮が体のどこにあって、そして経血が体のどこから出てくるかというところまでの理解が必要です。先述したように、すでに学校で習ったはずにも関わらず、経血が尿と一緒に排出されると思っているお子さんもいました。そこで、体の断面図、そして外性器のイラストを入れました。女の子の外性器は普段はなかなか目にすることはありません。でも、見えないから知らなくていい

のではありません。むしろ見えないからこそきちんと知る機会を持つ必要があります。

そして、絵本では経血と同時に赤ちゃんもここから生まれてくる。赤ちゃんのベッドとここが繋がっていることをよりイメージできるようにその説明も入れました。もちろん、帝王切開で生まれたお子さんもおられると思いますので、その場合はその説明も加えると良いと思います。「この穴から生まれる赤ちゃんが多いけれど、赤ちゃんがそこからだと安全に出てこられない場合は、お医者さんの判断でお母さんのお腹を切って生まれることもあるよ。あなたもそうやって生まれてきたのよ。」という感じでしょうか。ポイントは、「体の仕組みをきちんと伝える」ということ。それと同時に、「そうやって無事に生まれてきてくれてとても嬉しかった」と伝えること。生まれてきてくれた喜びを伝えることも、親から子への性教育の大切な第一歩ですので、ぜひセットで伝えてあげてほしいなと思います。

Q：月経は痛い、苦しいという自分の体験を話してもいいですか？

絵本でも月経時の痛みについて触れていますが、ここでのポイントは、「人によって症状が様々である。」と伝えることです。特に母親の場合は自分の月経を基準に説明しがちで、中には「痛い」「しんどい」「面倒くさい」というイメージがお子さんに伝わってしまうこともあるのですが、そうすると、例えばこれから初潮を迎える娘さんなどが、

「自分にも月経が始まるのは嫌だな」とマイナスのイメージを持ってしまうことにもなりかねません。ですので、親の価値観を押し付けすぎず、あくまで「人によって症状が違う」ということを伝えてあげてください。そしてそれに合わせて「悩んだ時はいつでも相談してね」というメッセージを発しておくことが大切です。

また、月経は決して病気ではありませんが、我慢するものでもありません。絵本の中でも示したような軽減方法を試してみるのもいいですし、薬も用法用量を守れば癖になることはありません。ですが、中高生等にこの話をすると、「親から薬に頼るなと言われている」という声を聞いて悲しくなります。そして絵本の中

「でも、そんなときは　からだを　うごかしたり、
おんがくを　きいたり、ほんを　よんだり、
すきなことを　するといいよ」

「からだを　あたためると　らくになることも　あるし、
いたみを　らくにしてくれる　くすりも　あるから
がまんしなくても　いいんだよ」

には文字数の関係で受診のことまでは書けなかったのですが、重い月経痛等の後ろに何か疾患が潜んでいることもありますし、月経痛や月経前の不調（ＰＭＳ）が楽になることで、女性の生活の質はぐんと上がります。気になる症状があればぜひ中高生でも婦人科を受診してほしいです。しかし、親御さんから「月経ごときで病院に行くなんて」と言われていることを打ち明けてくれる子もいます。月経は我慢するものではないし、何か気になることがあれば中高生でも気軽に受診すればいい。大人の側の意識がそのように変わっていくことを切に願っています。

Q：月経用品について、ナプキンを渡しておけばいいでしょうか？

今回、この絵本ではナプキンのことしか書けなかったのですが、実はこれも文量の関係で泣く泣く割愛したことの一つです。近年、月経用品はかなり進化して、その種類も多岐に渡っています。親の側が月経用品の選択肢を知っておくのもすごく大切なこと。「刷り込み」ではないですが、最初に教わった方法（主に使い捨てナプキン）が唯一の選択肢だと思って、それだけを使用して何十年も過ごしている人もきっと多いと思います。中には、学校で配布された試供品のメーカーのナプキンをずっと使っている人もいるのではないでしょうか。事実、私がそうで、おそらく初潮を迎えてから10年ほどは、最初に与えられたメーカーのナプキンのみを使い続けていたように思います。（今となっては良質のものが増えて、私が当時使用していたものはすっかり見かけなくなった気がしますが…）

月経は多くの人に毎月訪れるもの。より自分に合った快適なものを取り入れられたら、確実に生活の質は上がります。今は本当に様々な選択肢があります。そしてそれぞれにメリットとデメリットがあるはずです。その中から何を優先するのか。手軽さ、コスパの良さ、初期投資のかからないもの、肌触りの良いもの、ゴミを出さないエコなもの…。それぞれの価値観やライフスタイルに合わせて選択できるものがたくさんあるって本当に素敵なことだと思いますので、ぜひそのあたりの情報もまずは大人の側がアップデートしていってくださいね。

また、月経痛やＰＭＳの治療について、低用量ピルの活用も大切な選択肢の一つだと思っています。ピルと聞くとまだまだ「避妊のためのもの」という印象を持っている人も多いかもしれませんが、月経困難症や月経前症候群（ＰＭＳ）にも有効です。月経困難症の治療目的の場合は保険適用にもなります。症状が軽減するほか、月経が規則的に来るため予定が立てやすくなります。これまで「避妊目的」というイメージしかなかった方は、生活の質を上げるための一つの選択肢として捉えていただき、月経のある娘さんやご自身（あるいはパートナーさん）のＱＯＬの向上のためにも、ぜひ情報をアップデートし、服用を検討する場合は婦人科で気軽に相談することをお勧めします。

Q：月経を知ることでたろうくんのように優しい男の子になるのでしょうか？

　絵本の中では、女子がからかわれそうなシチュエーションに対して、たろうくんの頼もしいセリフが入ります。これは実際に我が家の長男が発したセリフをそのまま引用させてもらいました。また、講演で月経の話をする際には、「月経があるのは大変なんだから、優しくしてよ！」ということはあえて言いませんが、でも前述の男子生徒さんからの感想にもあるように、「知るからこそ思いやれる」ということがあると私は感じています。

「月経は命を繋ぐ大切なもの。それをみんながきちんと知っていればきっと優しい社会になるね。」

　ここは大好きなフレーズの一つです。人は知らないからこそすれ違ったり争いが起こったりするのではないでしょうか。でもお互いをきちんと知ることで、社会はきっと優しくなる。これからの子ども達の生きる未来が優しいものになることを祈っています。

　なお、「ぶっとばしてやる」という暴力的な言葉はいかがなものか…とご指摘をいただいたこともあります。確かにやや粗い表現になっていることは否めませんが、それも次の「ぶっとばすのではなくて教えてあげて」という優しい表現に繋がるので、個人的には良いと思っています。

Q：そんなに小さい子にセックスのことを教えてもいいのでしょうか。踏ん切りがつかずにまだ本棚で眠っています。

　そうですよね。「きっと優しい社会になるね」でこの絵本が終わっていればこの質問者様ももっと早くお子さんと読んでくださっていると思うのですが、絵本はここから更に踏み込んだ内容に入っていきます。それが「生殖の仕組みに結び付ける」ということです。何度も書いていますが、月経とは基本的には排卵して妊娠しなかった結果起こるものです。子ども達の周りに興味をそそるセックスについての情報が溢れていますが、まずは生殖の意味でのセックスを理解すること。そして月経や射精がはじまる体になっているということは、体は次世代を残す準備を始めている。小学生でも中学生でもセックスをすれば妊娠する可能性があることを伝えたかった。「寝た子を起こすな」とよく言われますが、皆さん振り返ってみてください。大人になるまでずっと眠っていましたか？　おそらく早くから性について興味を持っている人も多かったと思います。しかし、今はその頃よりも子ども達の手の中にある情報の量が比べものになりません。すでに目が覚めている子ども達に、正しいことを教えず、偏った情報ばかりに触れさせることの方がよっぽど怖いことであると思っています。

　ちなみに令和3年度の厚生労働省の衛生行政報告例によると、人工妊娠中絶数は全体で１２６，１７４件。このうち20歳未満が９，０９３件（全体の７．２％）、15歳未満が１２５件（０．１％）となっています。また、令和３年の15～19歳の出産は５，５１０件、14歳以下の出産は32件ありました。それぞれの妊娠に至った背景は詳しくはわかりませんが、きちんと体の仕組みを理解しないままに興味本位で行為に及んだ結果であったとしたら、そこにはもっと大人が果たすべき責任があるのではないかと感じます。

ちなみに「国際セクシュアリティ教育ガイダンス」での性交の取り扱いがどうなっているかというと、キーコンセプト⑥「人間のからだと発達」の中のトピック２「生殖」の

「そして、おとこのひとの　ペニスを　おんなのひとの
ワギナに　いれて、せいしを　らんしのところへ
おくりこむの。
これを　セックスと　いうのよ」

「あっ、しってる。『こうび』のことでしょ！」
「そうだね！」

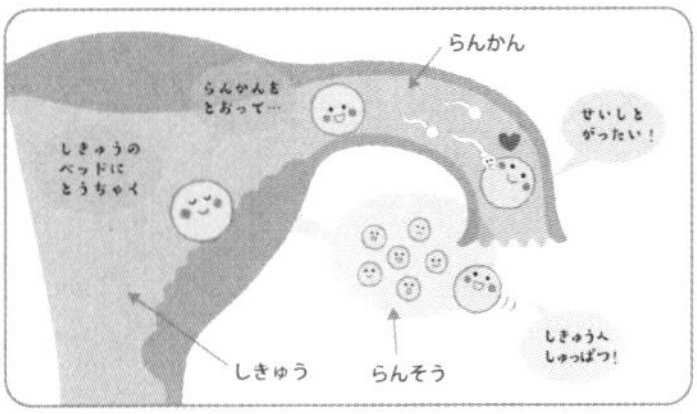

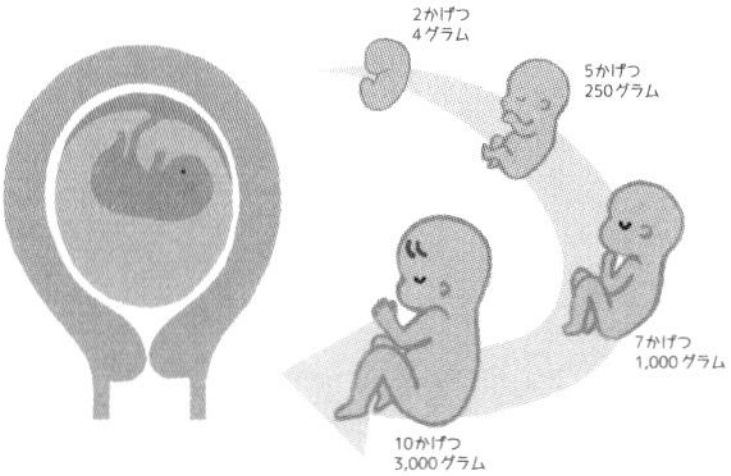

「おんなのひとの　おなかのなかで、『らんし』と
『せいし』が　がったいすると、『しきゅう』という
おへやの　あたたかい　ベッドで　だんだん　おおきく
なって、あかちゃんの　からだに　なっていくの」

ところでは、５～８歳の学習目標として「生殖のプロセス、特に精子と卵子が結合し、それが子宮に着床して初めて妊娠が始まることを説明する」、９～12歳の学習目標として「ペニスが膣内で射精する性交の結果で妊娠が起こることを再認識する」というようなことが書かれています。ですので、この絵本を通して生殖の仕組みを幼児期から教えることは、国際的な基準では決して早すぎることはない、むしろ基準に沿っていることがおわかりいただけると思います。

なお、この絵本では、セックスについて説明する際に、交尾のエピソードを挟んでいます。これも我が子の実際の反応をそのまま使いました。末娘を妊娠中に長男から「赤ちゃんはお母さんのお腹にどうやって来たの？」と質問されたことにより、セックスについて息子３人に説明することになったのですが、当時小学校２年生だった長男はやや驚いて、「お父さんとお母さんもこういうことをして僕は生まれたの？」という反応でした。他のご家庭での事例を聞いてみても、前述したとおり小学校２～３年生から、このように少し驚きや恥ずかしさを感じるお子さんが出てくるような印象です。それに対して、当時年長だった次男は、「お母さん、それ交尾だね！」という反応でした。３歳だった三男の反応はうろ覚えなのですが、次男の反応に近かった気がします。というのも、息子３人はＮＨＫの「ダーウィンが来た！」という動物番組が大好きで、彼らにとって交尾はすごく身近なものだったんですよね。あ、このくらいの年齢だと、本当に生物の仕組みとして、科学として理解するんだなというとても新鮮な面白い反応だったので、そのまま絵本に採用しました。実際にこのエピソードがあることで理解しやすいお子さんも多いように聞いていますし、親御さんとしてもセックスについて説明する際の緊張が少し和らぐのではないでしょうか。

また、セックスのページを読む際にドキドキしているのは大人だけで、お子さんにとっては単なるストーリーの一部であることも多いようです。実際、タレントの福田萌さんがご著書「『中田敦彦の妻』になってわかった、自分らしい生き方」（２０２３年７月20日　講談社）の中で、この「げっけいのはなし」を娘さんが読んでくださったエピソードが紹介されているのですが、

「読み終わった後、長女が『ねえねえママ、この本さあ』とニヤニヤしながら声をかけてきたので心臓がバクバクした。すると長女がニヤついた場面は性交渉のイラストに対してではなく、女の子が月経になったら慣れないうちは洋服を汚してしまうこともあるけど、それをからかってはいけないよ、とお母さんが諭している場面で、『もし妹のことをからかうやつが現れたら僕はそいつから妹を守る！』と主人公が意気込んでいるシーンのことを指していて、ほっと胸を撫で下ろした。その後も長女はこの絵本に関して何か言うことはなく、すんなりと受け止めたようだった。」

と書かれています。萌さん親子に限らず、このようなお子さんの反応を他にもたくさんご報告いただいています。

何度も繰り返しますが、子ども達の周りには興味をそそるセックスの情報が本当にたくさん溢れています。その行為に伴うリスク等をきちんと理解しないうちに行動に走ってしまい予期せぬ結果をもたらすことがないように、このように照れや抵抗感がない時期にまずは生殖の意味でのセックスを理解しておくことが大切です。

そうは言ってもお子さんにセックスについて説明するということに対して、どうしても抵抗がある方もい

らっしゃると思いますし、「無理なく気負わず楽しく」が家庭での性教育のモットーですので、無理強いはしません。そしてもちろん私が強制できるものでもありません。でも、なぜ「親から子へ家庭で性教育をするのか」。きっと「お子さんの心や体を守りたい」「幸せに生きていってほしい」「つらい経験をすることがないように」「誰かを傷つけることがないように」など、そこには親としての様々な願いが込められているのではないでしょうか。その「何のために」というところと向き合っていただければ、おのずと答えは出てくるのではないかと思っています。

Q：いざ子どもに質問をされた時にきちんと答えられる自信がありません。

そうですよね。それでなくても、子どもからの質問はある日突然来るので、全然心構えができていないことも多いと思います。それに、スムーズに答えるにはある程度慣れも必要ですので、ぜひ「こう聞かれたらこう答えようかな」と何度かシミュレーションしておくことをお勧めします。

でも、いくら事前に練習をしていても、いざとなると咄嗟に言葉が出てこないこともあると思います。そんな時「わ、ちゃんと説明できない！　どうしよう！」と焦る必要はありません。ただ、すぐに詳しい説明ができなくても、「その質問はタブーではないよ。聞いていいんだよ。」というメッセージを返せるといいかなと思います。

「げっけいのはなし」の中にも、「でもさ、あかちゃんはどうやっておかあさんのおなかにくるの？」とたろうくんが質問する場面があります。（まさに、私が妊娠中に長男に聞かれたセリフです。）そこでお母さんは「それはたいせつなしつもんね」と答えています。これがとても大事です。「いい質問だね」「聞いてくれてありがとう」そんな肯定的な受け止めができると、お子さんはきっと「あ、聞いて良かった」「また何か疑問に思ったら聞こう」と思えると思います。

その上で、例えば「どうして知りたいと思ったの？」「あなたはどう思う？」と質問で返すと、お子さんがなぜ聞きたかったのか、その意図

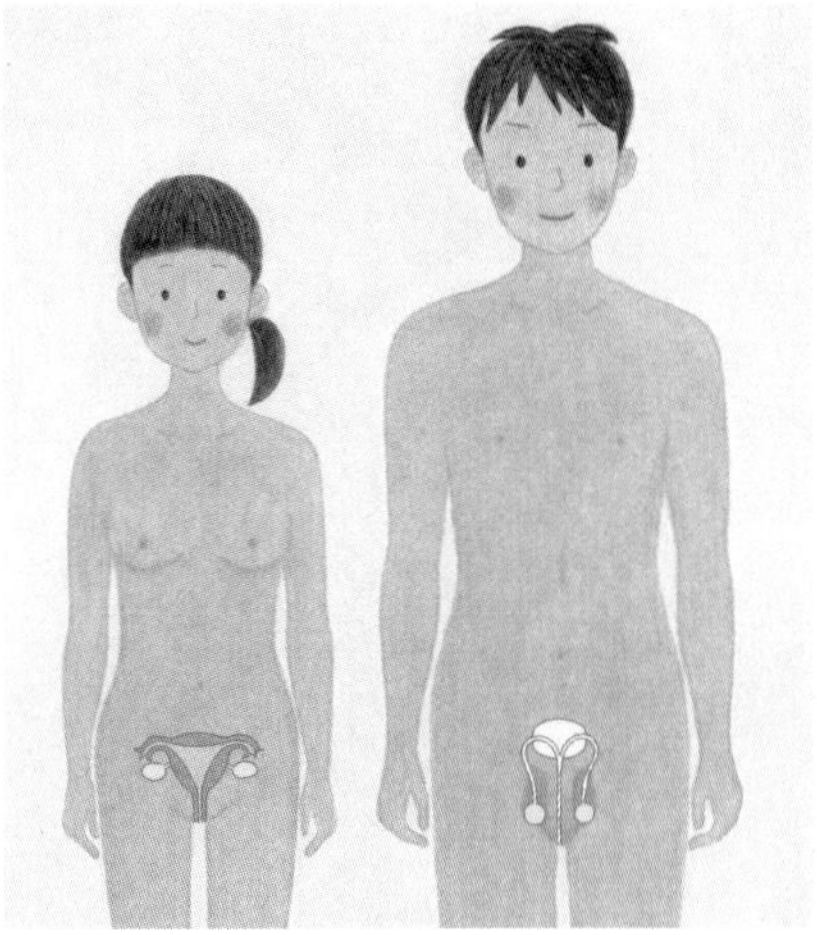

「でもさ、あかちゃんは　どうやって
おかあさんの　おなかのなかに　くるの？」
「それは　たいせつな　しつもんね」

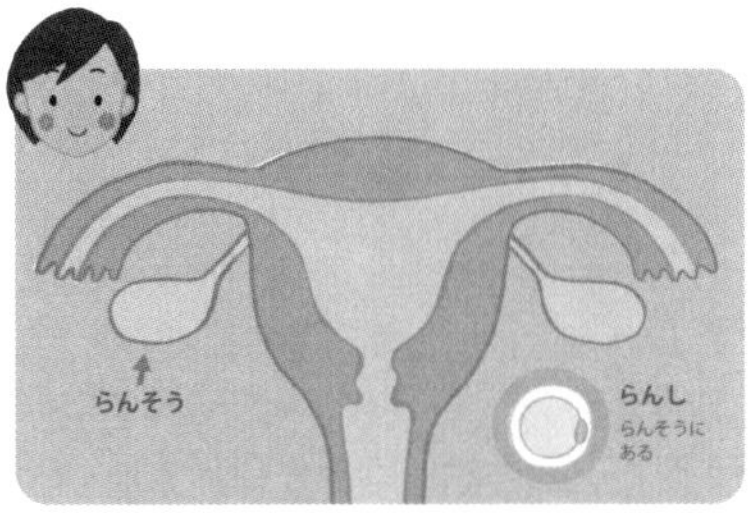

「おんなの ひとには、『らんし』という　ちいさな
たまごが　あるの。

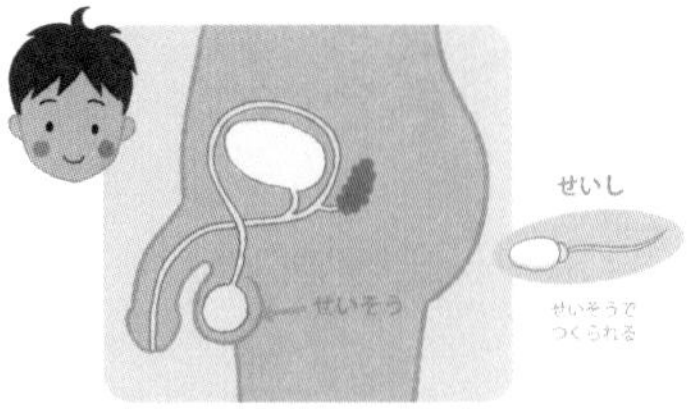

おとこのひとは、『せいし』という　いのちの
もとに　なるものを　たくさん　つくっているの」

がより明確になって良いかもしれませんし、「赤ちゃんがどうやってお母さんのお腹に来るのかを知りたいと思ったんだね」とただオウム返しをするだけでも良いです。要は、はぐらかしたり、「コウノトリが運んできた」などと咄嗟に嘘をついたり、「そんなこと知らなくていいの！」と怒ってしまったりせずに、タブーではない環境を作ること。それが大切です。

その上で、「今すぐには答えられないけど、確かそのことが書いてある絵本があるから、一緒に見てみようか」と言って絵本を開くのもいいと思います。

「すぐにちゃんと説明しなきゃ！」と気負わずに、でもその次に繋げられるような何かしらの受け止めができるといいですね。

Q：家庭での性教育で「まず、これ！」というものを教えてください。

この問いにはいつも、「お子さんが生まれた時の話をしてあげてはどうでしょうか。」とお答えしています。

何度もご説明しているように、「包括的性教育」とは本当に幅広いので、すべてを家庭で担うとなると、逆に「何からやればいいのー？」「全部は無理ー！！」ということになってしまいます。でももちろん全部を家庭で担うには荷が重すぎるし、担わなけれ

「はんたいに、あかちゃんが　ほしいと　おもっても
きてくれないことも　あるし、うまく　おなかで
そだたないことも　あるの。

だから、たろうや　はなが　こうして
うまれてきてくれたことは、とっても　すてきな
めぐりあわせなんだよ。

ふたりが　うまれてきてくれて、
みんな　とーっても　うれしかったのよ！」

ばいけないこともありません。学校や園、地域等と連携しながらやれることもたくさんありますし、「あ、あれができていなかったな」と思っても、後からリカバーできるものもたくさんあります。でも逆に「親だからこそ伝えられること」もあります。それは、お子さんが生まれた時に周りのみんながどれだけ喜んだか、あなたはどれだけかけがえのない大切な存在なのかを伝えることだと思います。

学校から性教育の依頼をいただく際に、時々「自分を大切にするように言ってください」というリクエストをいただくことがあります。もちろん私なりの内容の組み方で結果的に「自分を大切にしよう」と思ってもらえるような内容を最大限考えるようにはするのですが、でも、いきなり来た外部講師に「あなたはすごい確率で生まれてきた本当に大切な存在だから、これからは自分のことを大切にしてね。」と言われても、「はい、大切にします」とすんなり納得できるものではなくて、こういうことって生まれてから育っていく環境の中でじっくり根付いていくものだと思うんです。そしてそれを伝えるのは、親や小さい頃からずっと近くで見守っている大人だからこそできる役目だと思うんですよね。自分は大切な存在なんだと実感できることで、自分のことを大切にできる。そうすることで自分以外の誰かのことも大切にできると思うので、家庭での性教育にまず悩んだらそこから始めてみてもらえたらいいのではないかと思います。

ちなみに絵本の中では、不妊や不育症についても触れた上で、あなたが生まれてきて嬉しかったことを「めぐりあわせ」という言葉で表しています。これは単なる私の好みの問題かもしれませんが、命の話をする際に、すごい確率で生まれてきてくれた「奇跡」と表現することに私は何だか抵抗があります。でももちろん私自身、我が子達にこうして巡り合えたことは本当に幸せだと日々思っているので、ここでは「めぐりあわせ」というフレーズをチョイスしました。これはあくまで私のささやかなこだわりなのですが、皆さんにも気に入ってもらえると嬉しいです。

Q：性教育を通して何を伝えたいですか？

以前の性教育は「予期せぬ時期の妊娠」や「性感染症」を減らす、いわゆるリスク回避のための性教育だったように思います。もちろん、安易な性行動により後悔したり傷ついたりすることがないように、というのも性教育の目的の一つではあると思います。

でも、包括的性教育はあくまで人権ベースです。この世の中にはたくさんの人が暮らしていて、その誰一人として同じ人はいません。みんなそれぞれ違う人間が、様々な背景で育ち、いろいろな価値観を持って暮らしています。そんな中で、お互いがその違いを認め合って、尊重し合いながら、誰もが自分らしく幸せに生きられるような社会になってほしい。子ども達にはそのような世界で生きていってほしい。これが私が性教育をやっているいちばんの願いなのかなと思っています。

「しごとも　けっこんも、
こどもを　そだてるか
どうかも、じゆうに
きめる　けんりが　あるの。
いろんな　いきかたが
あるんだって　ことを
しっておいて　ほしいな」

「それとね、もうひとつ
たいせつな　はなし。
『げっけい』が　あるからといって、
しょうらい
かならず　あかちゃんを
うまなければ
いけないって　こともない」

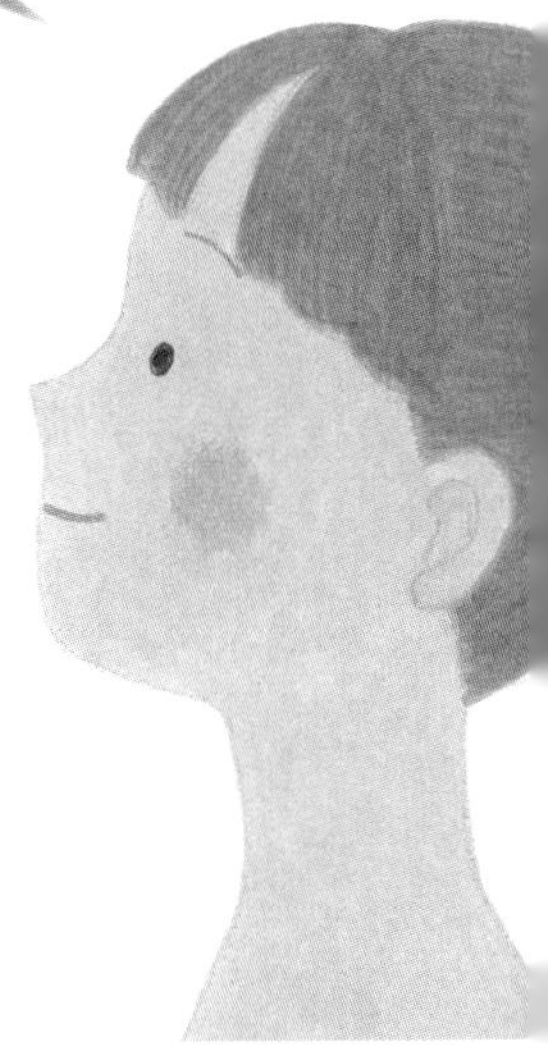

それが絵本のラストシーンにも込められています。絵本は、タイトルだけ見れば月経や命について書いた絵本ですし、「月経は命を繋ぐ大切なもの」ということも、この絵本の一つの大切なメッセージとして伝えていきたいと思っています。でも、私が性教育をする上で大切にしているいちばんの軸は前述した内容なので、絵本もそれが伝わるようなラストにしました。結果的にはこのページに共感してくださる方がとても多い印象で嬉しく思っています。タレントの福田萌さんも先ほどのご著書の中で、

「この絵本で私が気に入っているところは、最後のページで『げっけいがあるからといって、しょうらいかならずあかちゃんをうまなければいけないってこともない』『しごともけっこんも、こどもをそだてるかどうかも、じゆうにきめるけんりがあるの。いろんないきかたがあるんだってことをしっておいてほしいな』とお母さんがメッセージを送っているところだ。この言葉はまさに私が子どもに伝えたいメッセージそっくりそのままで、性教育を受けたからといって将来子どもを絶対作らなくてはいけないということを伝えたいわけではないからだ」

と書いてくださっています。私がこの絵本に込めたメッセージをまさにそのまま共感してくださる方がいて、それは萌さんだけではなく他にもたくさんの方々から同じようなお声をいただいていて、私が伝えたかったメッセージが多くの方に届いたことをとても嬉しく思いました。

ちなみにそのページを詳しく見ていきますと、まずはいわゆる典型的と思われる、夫婦と子どもという家族が出てきます。でも家族の形は本当に様々です。国際セクシュアリティ教育ガイダンスのキーコンセプト①「人間関係」の中にもトピック1として「家族」が掲げられており、学習目標として「世界にはさまざまな家族の形がある」と書かれています。

絵本のイラストの中には次に片親と子どもという家族の形が出てきますが、小中学校等でこのスライドを使用する際は、片親家庭だけではなくて、例えば祖父母と暮らしているお子さんや里親さんと暮らしているお子さん、あるいは施設で暮らしているお子さん等、いろいろなケースがあることを説明します。そしてその他にも、結婚しない、または結婚しても子どもを持たないという選択があることも示しています。そして最後に、これも絶対に入れたかった同性カップルのイラストも。文章の表記としては、「仕事も結婚も子どもを育てるかどうかも」という記述だけになっていますが、講演等の際には「どんな性や姓で誰と生きていくかも自由に決める権利がある」ということを補足して説明しています。同性婚も選択的夫婦別姓も日本はいまだに認められていません。このことについて皆さんはどう思われますか。そして子ども達にこれからどんなふうに育ってほしいか、これからどんな社会で生きていってほしいか、そんなことを考えながらぜひお子さんと一緒に読んでいただけたらと思います。

ちなみに中高生へ講演する際には、「こんな社会になればいいね。」というような言い方はあまりしません。私はこんな社会になればいいなと思っていますが、みんなはどう思いますか。これからどんな社会で生きていきたいですか。あと数年で皆さんは成人となります。これからの社会を作っていくのはあなた達だから、どうかいろいろなことについてアンテナを張って、自分事として考えてみてね。そんな投げかけをするためにもこのページを活用したりしています。大人がレールを敷くのではなく、子ども達が自分で疑問を持ち、調べ、考え、どうすれば良いか選択する。そのために何か良い種を撒けるような、そして何かあった時にはいつでも力になれるような、そんな大人でありたいなと思っています。

第2章

「げっけいのはなし　いのちのはなし」の活用ポイント

コラム

学校・園等で働かれている皆さまへ

よく、「保育園や幼稚園、学校等（以下、学校・園等）でも子どもからの質問にきちんと答えたり、絵本等で性交について伝えていった方が良いのでしょうか。」というご質問をいただきます。ここでは家庭での性教育と、そういった学校・園等での性教育の違いについてお伝えしたいと思います。

ここまでにもお話ししていたとおり、お子さんが興味を持った時に説明をすると、驚くほど素直に吸収してくれますし、お子さんとの信頼関係を損なわないためにも、子ども達からの質問にはできるだけ向き合っていきたいというのが保育者や教職員の皆さんの正直なお気持ちだと思います。ですが、家庭と違って学校・園等で性教育を行う上で難しいところは、性教育というものに対する保護者の方々の考え方にまだ差があるということです。ですので、学校・園等で性教育を実施する場合は、その施設全体でまず「こういう信念を持って子ども達に性教育を行います」という共通認識を持つことがとても大切です。その上で、保護者から何か意見や質問等があった場合には、その施設長等がきちんと責任を持って説明ができる。そこまでの体制がまだ取れていない時に、一人の保育者や教職員の判断で良かれと思って子どもからの質問に真摯に向き合ったことが、後にその保育者や教職員を孤立させることにもなりかねない。まだまだ性教育にはそういった可能性があることも否定できません。ですので、例えば学習指導要領上は取り扱わないとされている「受精に至る過程」について、子どもからの質問が出た場合には学校・園等としてどう向き合っていくかということは、施設全体で一度話し合っておかれるといいと思います。

もちろん、ここまで再三お伝えしているとおり、「性教育＝性交について伝えること」ではありません。プライベートゾーンや同意について伝えることも大切な性教育です。「この施設では、こういう目的で、こういった内容の性教育を行います。」ということを保護者とも共通理解しながら、子ども達に必要な性教育を学校・園等と家庭との両輪で進めていっていただけることを、一保護者としても願っています。

第3章

読者様からの声

今この本を読んでおられる方の中には、「『げっけいのはなし』を購入したものの、まだうまく活用できていない！」という方や、「性教育って本当に早くから始める必要があるの？」と思っている方もまだまだおられると思います。

そこでこの章では、これまでに「げっけいのはなし」をご家庭等で読んでくださっている読者様からの声をご紹介します。「こんなふうに活用すればいいんだ」とか「子どもってこういう反応をするんだ」というリアルな風景をぜひ感じてみてください。きっと「それならうちでもそろそろ読んでみようかな」と思ってもらえると思いますよ。

では実際の声を見ていきましょう。

この絵本をどのように活用していますか？

・寝る前の読み聞かせの本として（6歳女子）
・日常の絵本（4歳女子）
・読み聞かせ本の1冊としてさりげなく（小1男子・2歳男子）
・子どもが自分で読んでいます（小4男子・小2女子）
・毎日の絵本の読み聞かせの時間に、他の絵本と同じように読んでいます。娘達に「今日の絵本はこれにして～！」と言われることもあります。その他に、性に関する質問が来た時に「じゃあこの絵本で調べてみようか。」と言って一緒に読んだりしています。（小3女子・年長女子）

・「赤ちゃんはどこから生まれてくるのか？」と子どもから聞かれた時（小5女子・5歳女子）

・他の絵本と同じように、子ども達の目につく場所に置いておき、子どもが気づいて「これ読みたい！」と言ってきたら読むようにしてます。（小1男子・年長男子）

皆さんいろいろな場面で活用してくださっているようでとても嬉しいです。中でも多いのが、他の絵本と特に区別することなく普段の読み聞かせの1冊として読んでくださっているケースです。そうすることで性に関することもタブー視することなく自然に知ることができるのでとても有効ですよね。

また、性教育ってまさに「知りたい！」と思ったタイミングで伝えてあげることでより効果があると思いますので、こうしてお子さんが疑問に思った時や読みたいと思った時に読んでもらうことで、内容への理解がとても深まるのでオススメです。

・子どもが３歳の頃に読みました。最初は「ママにも月経はあるの？」というような感じでやりとりしながらでしたが、だんだんと自分でも繰り返し読む日常のお気に入りの絵本の１冊になりました。

・初めて読んだ時は長女５歳、次女２歳６ヶ月でした。長女は体のこと、赤ちゃんができる仕組みを知り、「へ～そうなんだ！」と言っていました。次女はまだよくわかっていない様子でした。その後何度も何度も読んでおり、５歳になった次女も月経のことも性行為のことも今ではきちんと理解しているようです。

・次女が４歳半ぐらいの時に「赤ちゃんはどうやってママのお腹に入るの？」と質問してくれたので、絵本の性行為のところを一緒に読みました。長女と同様に次女も「へぇ～そうなんだね～」といった様子で、赤ちゃんができる仕組みを科学的に理解したようでした。

・赤ちゃん（自分を含む）がお母さんのどこから出てくるのか、というところが１番印象が強かったようです。

・子どもが４～５歳の頃に読みました。反応は「ふーん」という感じ。にこにこでもないけど、困っている感じでもなく、しっかりと理解しようとしている感じでした。

・初めて読んだ時、子どもは３歳でした。生命の誕生の過程をとても興味津々に聞いていました。性行為が描かれているページは親が心配しているような反応はなく、さらっと流していて、拍子抜けしました。

・5歳の長女は抵抗なく1人で絵本を読み、それをきっかけに月経について説明しました。

・母親である私の月経の時も、一緒にお風呂に入っているので、女の人にはたまに血が出る時期がある、という認識はあったので、最初のお風呂の場面は特に理解している様子でした。赤ちゃんが育つ場所や生まれてくる場所、どのように赤ちゃんができるか初めて知ったので、「痛そう…お母さん、おれ達産んだ時痛かった？」と心配してくれました。動物の交尾もまだ知らなかったので、生物としての子どもの誕生を、純粋に興味深そうに見ていました。

・絵本を読んだ日の夜に、帰ってきた父親がお風呂から上がってきたのを見て、長男が父親の股間をゆびさして、「ここからおれ達ができたの？」と聞いていて、ちゃんと彼の中に話が残ってくれているんだなと実感しました。次男は、赤ちゃんが生まれてくる場所が描かれた絵が印象的だったらしく、その後もそのページを何回も開いて、「○○（次男の名前）はここから生まれてきたんでしょ？？」と聞いてきました。

ここで紹介している事例はほとんどが幼児～小学校低学年のお子さんの反応です。このように、恥ずかしさや照れのようなものはなく、体の仕組みとして理解していることがよくわかりますね。「げっけいのはなし」の読み聞かせをする際に、親の側は「もうすぐあのセックスのページが来る」とドキドキしてしまいがちですが、子ども達にとってはあくまでストーリーの一部。印象に残るのは他のページであることが多いのは、前述の福田萌さんの娘さんの反応でもご紹介したとおりです。（P．63）
「まだ早いかも」と思っている方もぜひ一度お子さんと読んでみてはいかがでしょうか。

絵本の感想をお聞かせください。

【保護者の感想】

・事実が子どもにもわかりやすく、親も変に意識したりすることなく読めたので、特に性教育と構えることなく日常に取り入れることができました。娘は「赤ちゃんができるところがおもしろい」と言っています。

・子どもの頃から慣れ親しんでいくツールとして、とても良い本だと思います。

・他の絵本のように性のことを説明しているような書き方ではなく、ストーリーとして書かれているので初めて性教育を始めようと思う人にとっては本当に読みやすいと思いました。我が家もこの絵本に出会わなければ、家庭での性教育はなかなか始められなかったと思います。月経のことだけでなく、生き方の多様性にも触れられていて、親子で一緒に考えるきっかけにもなりました。

・男女の性のことを、とても自然な形で、しかも正しい知識として教えたり話し合えたりできる機会になる貴重な本だと思っています。

・自分が幼い頃、精子と卵子について小学校で学んだ時、精子と卵子はどうやって出会うのか？　と不思議になり、両親に聞いたところ、「さあ～」とはぐらかされました。男子と触れたりしても妊娠したりするのかな？　と不安になった経験があり、子どもが小さい頃から不思議に思ったことを正確に伝えることができたらなと思っている中でこの絵本と出会いました。かわいい絵柄で、正しいことがすーっと入っていく感じで表現されているところが気に入っています。たくさんの家庭で性の会話がタブー視されることなく語られる日が来るといいなと思います。

・月経についてだけでなく、セックス、生物学的な男女の違い、生き方の多様性。子どもに伝えたい内容がつまっている1冊です。

・親が読む前に子どもが自分一人で絵本を読み、月経についての知識を増やしていたことがめちゃくちゃ嬉しかったです。

・自分の言葉で説明しようとすると難しいと感じていたので、このような絵本で、男女の身体の仕組みから多様な生き方まで伝えられたのは、とても助かりました。子ども達も興味深く見ていて、わが家の一軍の絵本です！

【お子さんの感想】

・すごくわかりやすかった。不思議に思ってたことがわかってよかった。みんなにも見せてあげたいと思った。

・絵がわかりやすくて、どうして血が出るのかがよくわかった。膣口から赤ちゃんが生まれるとは思わなかったので、びっくりした。初めて知った時は「へぇ～」と思った。お母さんが月経でつらい時は助けてあげようと思う。

皆さん素敵な感想を本当にありがとうございます。また、直接お手紙でメッセージを寄せてくれたお子さんもおられます。許可を得て掲載させていただきます。

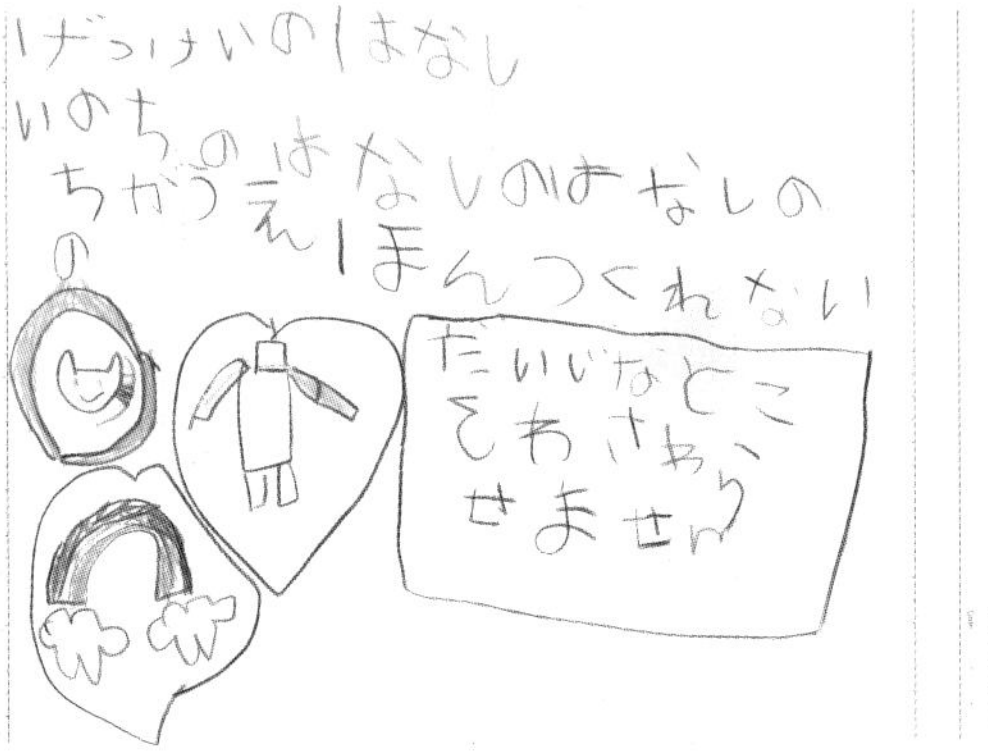

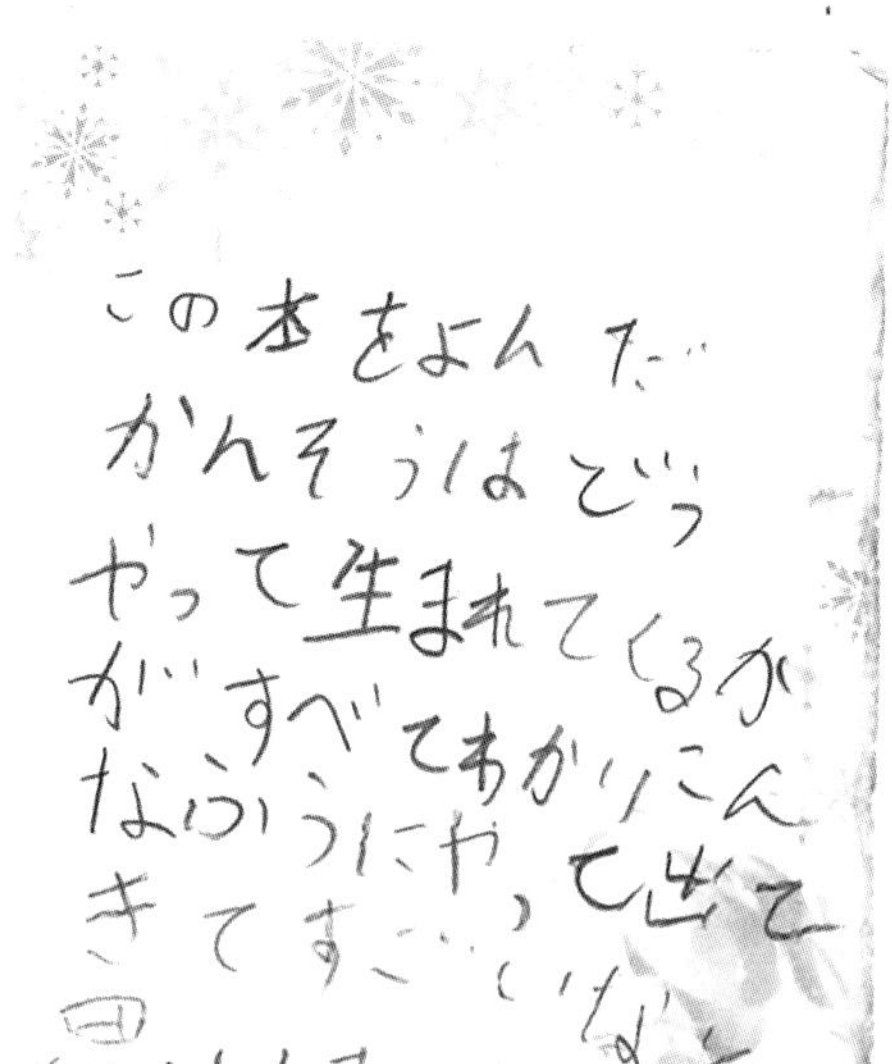
この本をよんだ
かんそうはどう
やって生まれてくるか
がすべてわかりこん
なふうにやって出て
きてすごいなと
思いました。

このように、「げっけいのはなし」がたくさんの親子の大切な1冊になっていることを本当に嬉しく思っています。今、この本を読んでくださっている方の中で、「げっけいのはなし」をまだ購入していない方、購入したもののまだ早いかなと思って読んでいない方にも、お子さんが小さい頃から読んでもらうことにこそ意味があるということを感じていただけたのではないでしょうか。

「げっけいのはなし」がこれから更に多くの親子のそばにいられる絵本になることを願っています。

第4章

大事にしていきたい「性」と「生」のお話

この章では、これからご家庭での性教育にすぐ活かせるエッセンスをご紹介したいと思います。と言っても、前の章で「げっけいのはなし」の活用方法を解説する中に、すでに大切なポイントはほとんどご紹介してしまいましたし、ここ数年の「おうち性教育ブーム」により、他にも良質の書籍（詳しくは巻末で紹介）もたくさん出ていますので、ここでは私が日々の活動から感じていることをお伝えしようと思います。

「同意」の大切さをもっと多くの人に知ってほしい。

もし次の絵本を出版する機会があるのであれば、間違いなくこのテーマについて書くだろうと思います。

皆さん、同意と聞いて何を思い浮かべるでしょうか。性教育で同意と言えば「性的同意」ですね。２０２３年７月に刑法が改正され、従来の「強制性交等罪」と「準強制性交等罪」が統合されて「不同意性交等罪」となりました。まだまだ不十分な点はありつつも、同意の無い性交が法的に罪に問われることになったのは大きな一歩だと思います。

でも「家庭での性教育で『性的同意』って早くない？」と思う方も多いと思います。確かに、性的同意について伝えるのは一定の年齢になってからでないとなかなか理解しにくいことだと思います。 しかし、何も性的なことに限らず、「同意」が大切になってくる場面は日常生活の中にたくさんあります。

何度も出てきている「国際セクシュアリティ教育ガイダンス」では、キーコンセプト④の「暴力と安全確保」の中の二つ目のトピックに「同意、プライバシー、からだの保全」という項目があります。ここでは5~8歳の学習目標として「誰もが、自らのからだに誰が、どこに、どのようにふれることができるのかを決める権利をもっている」というキーアイデアが示されています。ここがすごく重要です。

もちろんこの中には「プライベートゾーン」に関することも含まれます。プライベートゾーンについてはすでにいろいろなところで一度は聞かれたことがあると思いますし、すでにご家庭で実践されている方も多いと思いますのでここでは割愛します。もしプライベートゾーンについてお子さんにどう伝えていいかわからないという方は、過去にYouTubeでも解説していますので、こちらをご参照ください。

ここで気をつけたいのが、プライベートゾーンばかりを強調した関わりになっていないかということです。もちろん、プライベートゾーンはその人だけの大切な場所。性被害を未然に防ぐ、あるいは早期発見するためにも、そして意図せずして加害者にならないためにも、きちんと伝えておくことは大切です。ただ、その前提として、「あなたの体は（プライベートゾーンも含めて）頭の先から足の先まで、どこもかしこもすべて大切」ということを伝えられているでしょうか。そして、前述の「誰もが、自らのからだに誰が、どこに、どのようにふれることができるのかを決める権利をもっている」ということを、大人の側もきちんと意識できているでしょうか。

もしプライベートゾーンのことだけがインプットされていると、例えばプライベートゾーン以外の肩や頭を触られて「嫌だな」と感じた時に、「でもここはプライベートゾーンじゃないし…」と考えてしまい、嫌だという気持ちをうまく表出できないかもしれません。でもそうではなくて、体のどの部分でも、自分が嫌だと感じたら嫌だと言っていい。「ＮＯ」と言うことはあなたの大切な「権利」だということをしっかりお子さんに伝えていってほしいと思います。

そして同じように、相手の体は相手のものだから、あなたがこうしたいと思っても相手は同じように考えているかはわからない。だから相手の気持ちをきちんと確認すること、同意を取ることが大切だということを、小さい頃から生活の中で積み重ねていってほしいと思います。

そのために、巻末におまけとして、お子様達へ同意の大切さを伝えるメッセージをつけています。クイズ形式になっていますので、ぜひ一緒に読んでみてください。

この「同意」に関しては、1回伝えたから身につくものではなく、繰り返し伝え続ける必要があると感じています。ですので、どの年齢への講演の際にも何らかの形で必ず織り交ぜるようにしています。

中学校に講演に行く際は、だいたい3年生で「性的同意」について伝えることが多いので、その前の1～2年生の段階で大切な三つのキーワードとして次のことを伝えています。それが

①境界線（バウンダリー）
②NOという権利
③同意

です。これを一つずつ見ていきたいと思います。

①境界線（バウンダリー）

文部科学省と内閣府が連携して、子ども達を性暴力の被害者にも加害者にもしないための「生命（いのち）の安全教育」が、令和5年度から各施設で本格的に実施することとなっています。その「生命の安全教育」において文科省が作ったスライドには「距離感」という言葉が使われていますが、私はこれを「境界線」という言葉に置き換えて説明をしています。他人との距離感、確かに大切です。学校等からも「適切な距離感について説明してください」という依頼を受けることもあります。でも、人間関係に大切なのは距離ばかりではありません。他人と距離ばかり取っていては、好きな人と触れ合うこともできなくなってしまいます。心地よい触れ合いも人間関係にとってとても大切な要素の一つです。ですので、「距離感」ではなくて「境界線」を大切にしてほしい。

そう言ってもまだイメージしにくいでしょうか。要は、それぞれが「良い」と思うことと「嫌だな」と思うことの境界線、境目、バウンダリーを自分で決めていいんだよ、それはあなたの大切な権利（自己決定権）なんだよ、ということです。例えば、仲の良い友達や好きな人とはもっと近づきたい、触れ合いたいと思いますよね。逆にあまり知らない人や苦手な人とは、これ以上近づきたくないというギリギリのラインがあると思います。そして、それはもちろん身体的な境界線だけではなくて、心理的なことについても同様で、自分はこうしたい、したくない、されたくないというラインがあると思います。そしてその境界線の位置は相手によって違うし、同じ相手であったとしても、時と場合によって位置が変わることがある。その境界線の位置をそれぞれが自分で決める権利を持っているんだよ、ということです。

②NOという権利

そしてその境界線を誰かが無理に越えてこようとした時は、「嫌だ」と言っていい。それはあなたの権利だということを伝えてあげてほしいと思います。ただ、これを中学校で話しても、感想を書いてもらうと「嫌な時に嫌だということが大事なのはわかったけれど、なかなか言えないです。」と書いてくれる子が一定数います。子ども達を見ていると、小さい頃から空気を読んだり周りに合わせたり、「我慢するのが美徳」であるような価値観を植え付けられるような環境で育っている子が多いような気がします。また、「嫌だ」と言うことで嫌われないか、仲間外れにされないか、それが気になって言えない子もいるでしょう。そうして育った子が、中学生くらいになって、いきなり来た外部講師に「嫌な時には嫌だと言っていいんだよ。それはあなたの権利なんだよ。」と言われても、頭ではわかっていてもそこからすぐに行動を変えるのはなかなか難しい気がしています。

そして、勇気を出して「NO」と言っても、それを受け入れてくれる環境が無ければ意味がありません。皆さんはいかがでしょうか。誰かに自分の提案や、しようとした行為について同意してもらえなかった時、すぐに受け入れられるでしょうか。「自分のことが嫌いなのかな」と悲しくなってしまったり、逆に少しムッとしてしまうことはないでしょうか。それは「ＮＯ」を受け入れることに慣れていないからです。今は学校教育の中でもディベートという形で意見を言い合う機会も少しずつ増えてきているようですが、例えば何かに対して二つの意見に分かれて、どちらが正しいのかを主張し合う。「論破する」という言葉がよく聞かれるようにもなりましたが、あくまで「言い負かす」ことが目的のように感じます。

　でも、相手が必ずしも自分と同じ意見であるとは限らないし、相手の「ＮＯ」は、あなたの提案や行為に同意できないというだけであって、あなたそのものを否定しているわけでも敵対しているわけでもない。自分と相手は違う人間だから、時には同じように考えられないのも当たり前だよね。じゃあそんな中でもお互いの気持ちを尊重し合って、どちらもが心地よく過ごせる方法はないだろうか。そう、大切なのは主張し合うことではなくて「対話」ですよね。そういう環境の中で子どもが育っていけるといいのではないかと思いますが、日本ではなかなかこの「対話する教育」そして「同意教育」が根付いていないように思います。だからこそ、小さい頃から家庭の中で培っていってほしいなと思っています。

ただ、このようなことを書くと、「子どもの『ＮＯ』をすべて受け入れていたら、わがままに育つのではないか」と思われるかもしれませんし、「イヤイヤ期の子どもの『ＮＯ』をすべて受け入れていたら生活が回らないどころか、こちらが疲弊してしまう！」ということもありますよね。また、学校の先生方にこのお話をした際に、「意見が対立した時に、どちらかの意見を取り入れると、どちらかのＮＯは無視することになる。どうすればいいか。」と聞かれたこともあります。

もちろん、ありとあらゆる場面で、すべての「ＮＯ」を受け入れるわけにはいかない状況も多々あるでしょう。それでも一度は「受け止める」ことはできるのではないでしょうか。よくお子さんのおむつ替えを例に話をしますが、例えば相手が嫌がっていても清潔を保持するためにしなければいけない場合もある。そんな時に、「そうか、いやだよね、今は触ってほしくないよね～。」と、一旦は子どもの「ＮＯ」を受け止める。その上で「でも大事な場所だから綺麗にしておこうね。」と説明する。「あなたのＮＯには力がある。今回はこういう理由でその主張を叶えることは難しいけれど、でもこれからも嫌な時には嫌だと言ってね。思ったことはきちんと主張してね。それはあなたの権利だからね。」というメッセージを伝え続けてほしいと思います。子どもが「ＮＯ」ということを諦めないように。それは、まだ言葉でのやりとりが難しい0歳児からでもできる大切な性教育の一つだと思っています。

なあんて偉そうなことを書いていますが、私も子育て中の親として、毎回我が子と悠長にそうやって向き合えていないことも多々ありますよ、もちろん。子ども達がこれを読んだら、「お母さん、僕の言い分なんて全然聞いてくれへんやん！」と言われそうですが、自戒の意味も込めて書いています（笑）。

③ 同意

そしてこの①②とセットになるのが「同意」です。それぞれが自分で自分の境界線を持っている。そしてその境界線を無理に越えられそうになった時には「ＮＯ」という権利がある。自分はこうしたいと思っていても、相手は同じように思っていないかもしれない。だからこそ、お互いに気持ちを確認し尊重し合って「同意」を取ることが大切だということです。でもそれは急にできることではありませんし、日々の生活の中でなかなかこれを重要視してこなかった人が、ましてや性的な場面できちんと同意を取れるのか。嫌な時は嫌だと言ったり、相手の気持ちをきちんと尊重することができるのか。それはなかなか簡単ではないことが想像できます。だからこそ、小さい頃からの積み重ねが大切だと考えています。

ここで、アメリカで児童精神科医をされている内田舞さんが、ご著書「ソーシャルジャスティス」（２０２３年４月20日文藝春秋）の中で同意教育について触れられている部分を紹介します。内田先生の息子さんがアメリカ・ボストンのプレスクールで同意教育を受けていることを紹介した上で、「私のこどもとその友達たちの交流を見ていると、『同意』とは、後から問題にならないようにＹＥＳと言ったことの記録を残しておく契約のようなものではなく、同意がなければ何かが禁止されるというルールのものでもなく、気が変わったら答えを変えていいものであり、単純に『自分の身体や意思は自分のもの』という、自分を尊重する力を与えてくれるものだと感じます。子どもたちに、自分を尊重する発言をしてもいいと学んでほしい。また、他者が自身を尊重する判断をした場合には、それが自分の希望と違っても、仕方がないと自分の希望を手放せる考え方を身につけてほしいと思っています。」

私はここに大切なことがすべて集約されているように感じて胸がいっぱいになりました。

日本では、前述した２０２３年７月の刑法改正に伴い、性行為について同意したことを記録するＷＥＢサービスも始まったようです。でも、そもそもそういった記録を残さなければ後で何か問題が起こるような関係ではなく、これからの子ども達が、お互いのその時その瞬間の気持ちを尊重し合えるような、そんな素敵な関係性を築いていってくれることを切に願います。

そのために、日本でもこの同意について学ぶ環境が整っていってほしいと思いますし、私にできることは何なのか、今もずっと考えているところです。

「家族だからこそ」線引きをする。

保護者の方々向けに家庭でできる性教育についてお話をしていると、ほぼ毎回のように「異性の親とのお風呂はいつまで一緒でいいですか。」という質問を受けます。この質問には次のようにお答えしています。一つは第二次性徴を迎えて明らかに体の変化が出始めた時。二つ目は親か子のどちらかが違和感を覚えた時。このどちらかが目安になるとお伝えしています。年齢で言うと概ね9～10歳くらいでしょうか。

ただ、この話をすると、「夫が『親子なのに大げさな』『娘が入りたいと言ううちはいいじゃないか。』と話を聞いてくれません。」というお声を聞くことがあります。

また、前述の「同意」についても、親子間のスキンシップでも大切にした方が良いとお伝えしているのですが、「そんなのわざわざ親子なのに必要ないのではないか」という人も少なからずいるように感じます。

でも、注意しなければいけないのは、子どもは大人ほど「家族だから」「親子だから」という場合とそれ以外の判断がつきにくい場合が多いということです。例えば、いつまでも異性の親と一緒にお風呂に入ることで、異性の大人の裸を見慣れている、または見られ慣れていることにより、親以外の異性の大人とそういう場面になった時にもそれはおかしい状況なんだと判断できないかもしれません。

また、親子間で同意なくスキンシップを取ることで、本来は「自分の体を誰がどう触るのかを決める権利はその人自身にある」にも関わらず、その意識が薄れてしまう危険性があります。その結果、誰かに同意なく触られたとしても、「この人は私に好意を持ってくれているから触ってくるのかな。」と思い、不快に思っていても嫌だと言えないかもしれません。逆に親しい間柄なら同意なく触ってもいいという意識が根付いていると、それが誰かを傷つけることに繋がってしまう、お子さんが加害者側になってしまうことにもなりかねません。

また、これは先ほどの「『ＮＯ』という権利」と重なる話ですが、子どもが「いやだ〜、やめて〜」と笑いながら言っている場合、親は遊びの一環として子どもが喜んでいると判断することもあるかもしれません。しかし、子どもの心はその子にしかわかりませんし、もし本当に嫌がっていた場合、その子はいつしか「嫌だと言っても聞いてもらえない」「自分の『ＮＯ』には力が無い」と思い、その後は「ＮＯ」ということを諦めてしまうかもしれません。タレントのＳＨＥＬＬＹさんもご自身のYouTubeで性について積極的に発信されていますが、その中で「『ＮＯ』を2回言わせないで」と言っておられたことがとても印象に残っています。「相手が一度でも『ＮＯ』という意思表示をしたら、それはすぐに受け入れないといけない」。それは子ども達にも伝え続けたいですし、大人の側もしっかりと認識しておく必要があることです。

もちろん、家族間のスキンシップでわざわざ「触っていい？」「いいよ」と毎回やりとりをするのは現実的ではないかもしれません。でも少なくとも親の側がこの必要性を意識した関わりをしているかどうかで、お子さんへの伝わり方は全く違うものになります。お子さんを被害者にも加害者にも、そして傍観者にしないためにも、「家族だからこそ」の線引きが必要であると考えています。

違和感を見過ごさずに言葉にする。

我が家は普段あまりバラエティ番組を見ないのですが、ある日子ども達と珍しく一緒に見た時のことをシェアしたいと思います。内容としては、お笑い芸人さんがネタを作り、素人である学校の先生や生徒さんが全校集会でサプライズでそのネタを披露するというもの。そこで、生徒さんが披露したネタが、「この学校がずっと隠蔽してきたものを発表します。それは…『10代の男子は女子のことしか考えていない』という事実です」というような内容のものでした。これを聞いて皆さんどう思われるでしょうか。

確かに、異性のことを好きになる人が数としては多いのは事実ですし、小学校の教科書にも「思春期になると異性に関心を持ち始める」と書いてあります。でも、そうでない人ももちろんいます。自分の性に違和感を持っている人、同性のことを好きな人、そもそも恋愛感情や性欲を感じない人もいます。その番組では、あたかも全員が爆笑しているように映されていましたが、「全然笑えない」と思っている人、あるいは「笑えないけど笑っておかなければおかしいと思われるかもしれない」と思って無理に笑っている人が、たとえ少数ではあったとしても必ずいるのです。最近のお笑いは「誰も傷つけないもの」は増えているとどこかで聞いたことがありますが、いまだにこういう内容が面白いものとして放映されていることに愕然としました。

親としてこういう場合にはどうしたらいいか。それは「これを見て傷つく人もいるかもしれないから自分は笑えない。」というメッセージを必ず伝えるということです。私は実際にこの場面で、「お母さん、これは何が面白いんかわからへんわあ。」「みんながみんな女子のことを考えてるわけじゃないしなあ。」「そもそもみんなが異性を好きになるわけでもないし、恋愛に興味の無い人もおるしなあ。」などなどブツブツと呟きました。そして、「お母さんはこれはおかしいと思うけど、あなた達はどう思う?」と聞いてみたりもしました。できる範囲で構いませんが、何もせずに同じように笑って見過ごしてしまえば、その内容に同調したことになります。前述した内田舞さんのご著書の中にも「沈黙は共犯」という言葉が書かれていましたが、まさにそういうことです。
　それを黙って見過ごすことで、お子さん達もどこかで同じようなネタを繰り返すかもしれませんし、お子さんがその笑いに対して居心地の悪い思いをした時に「親はわかってくれないかも」「相談できないな」と判断してしまうかもしれません。ですので、おかしいと思ったことは見過ごさずにどうかそれを何かしらのメッセージで示してほしいなと思います。

　また、同じ番組の中では他にもタレントさんのズボンを急にずらして笑いを取るコーナーもあったそうです。これは笑うものではなく明らかに他人のプライベートゾーンを侵害する行為です。私達の幼少期にあったスカートめくりやカンチョーは最近は減ってきていると聞いていましたが、いまだにこのような行為がテレビ番組で、しかも子ども達も見るようなゴールデンタイムの、人気のアイドルやタレントさんが出るような番組で普通に放映されていることに、まだまだこの国の課題があるなと感じさせられました。

　違和感を口にするのは時に勇気の要ることです。このような番組が放映されているということは、「ただのネタなのにそんなことに目くじらを立てるなんて」と反応する人が少なからずいるということです。実際にこの番組の放映時にもＳＮＳではそういう投稿も見られました。日本にはまだまだこういう見えない壁がたくさんあり、そこに向かうことに時にはくじけそうになることもあります。

でもそんな時には、また「何のために」という根幹に戻ることが大切だと思います。私の場合は、親として、大人として、これからの子ども達にどういう社会で生きていってほしいか、そのためにはどう行動すべきか。そこが判断基準になっています。たとえ小さな一言でも、諦めずに発信し続ける。一人の力は小さくても、それが集まれば大きな力になると信じています。

その子らしさを大切に

ここで白状しなければいけないことがあります。渾身の力を込めて作った自信作「げっけいのはなし　いのちのはなし」。たくさんの皆さまにご愛読いただいていますが、実は今思い返すと改善しなければいけない点があります。お気づきの方もいらっしゃるでしょうか。

それは「偏ったジェンダー観を植え付けるイラストが何点かあること。」例えば、たろうくんやお父さんや男の子は青や水色や緑の服を着ていて、はなちゃんやお母さんはピンクの服を着ていたり。女の子はぬいぐるみを持っていて、男の子はサッカーボールや乗り物のおもちゃを持っていたり。日頃、講座の中で、「大人の側からいわゆる『男の子らしさ』『女の子らしさ』を植え付けてしまうようなものをなるべく与えないように。そのお子さんが自分の好きなものを選べるような働きかけをしていきましょう。」と偉そうにお伝えしているのですが、絵本の中でそのようなメッセージを発してしまったことは本当に反省しています。もちろん、イラストも含めて絵本の内容のすべての責任は私にあります。まだまだ私の力が不足していたことに何の言い訳

もできません。

その反省を踏まえて、今は声を大にして伝え続けたい。偏ったジェンダー観を植え付けるような声かけをしていませんか。「女の子だから」「男の子なのに」そう縛り付けてしまうような関わりをしていないでしょうか。きっと日常生活の場面でたくさんあるはずです。

また、性別に限らずいろいろな面で「こうあるべき」というメッセージを発していることはたくさんあると思います。ある時、小学校4年生に、「いつか結婚してみたい？　親になってみたい？」と聞いてみたことがありました。するとある男の子が「結婚したくないけどせなあかん

ねん」と答えてくれました。彼はいったいどうしてそういう思いに至ったのでしょうか。ここからは完全に私の推測ですが、例えば「おまえは長男だから結婚して家を継げ」とか、「いつか結婚して孫の顔を見るのが楽しみ」などと家で言われたりしているのでしょうか。いずれにしても、彼の親などの周りの大人からの影響なんだろうなということは想像できます。

でも、絵本に込めたメッセージのところでもお伝えしたように、これからどのような生き方をするか、子ども達は本当に自由に決める権利があります。親としては、少しでも子どもがつらくないように、苦労をしないように、時に口を出してしまうこともあると思います。でも、様々な選択肢の中から、時には失敗しながらも、自分らしく生きられる道を子ども達自身が選択できるように、親として大人としてどう関われるか。それは常に考えておく必要があると思います。それに関しては私もまだまだ決してうまく我が子達に関われているとは言い切れませんが、これからも悩みながら日々子ども達と向き合っていくんだろうと思います。

と、少し話が逸れてしまいましたが、私も含めて、子ども達を取り巻く大人達が、自分の持っている価値観、バイアスに気づくこと。そして、果たしてそれを次の世代にも引き継いでいきたいのか、それともここから変えていきたいのか。生活のあらゆる場面でそのことにもっとアンテナを張っておく必要があるのではないかと思っています。

第4章

大事にしていきたい「性」と「生」のお話

あとがきにかえて

「子どもが４人もいるのに公務員を辞めるなんて思い切りましたね」とよく言われることがあります。我ながらその原動力はどこから来ているのかなと時々考えたりもしますが、行きつく答えとしては「子ども達に自分らしくのびのびと幸せに生きていってほしいから」だと思います。

この国はまだまだ性に関する課題が山積みです。性教育の遅れはもちろんのこと、避妊法の選択肢の少なさ、緊急避妊薬へのアクセスの悪さ、性犯罪に対する刑の軽さ…。同性婚も選択的夫婦別性も認められていないし、ジェンダーギャップ指数もまた順位を下げて１４６カ国中１２５位となっています。（２０２３年時点）。知れば知るほど、この国で子ども達が大きくなっていくのを、何もせずに見ていることができなかったんですよね。

その気持ちが「げっけいのはなし」のラストに集約されていると思っています。

仕事も結婚も子どもを育てるかどうかも、どんな性や姓で誰と生きていくかということも、みんなそれぞれ自由に決める権利がある。いろんな生き方を選んでいいんだよ。

でも、子ども達が望んだ生き方を選べるようになるためには、伝えていかなければいけないことがたくさんあるし、制度上もまだまだ改善していかなければいけない課題は山ほどある。そこと向き合うことが私達大人の責任だと感じていることが、今の活動の原動力になっていると思います。

ではここから、今後の私の展望を少しお話しさせていただけたらと思います。私は２０２２年４月にＮＰＯ法人ＨＩＫＩＤＡＳＨＩという団体を立ち上げ、「子ども達の生きる力を引き出す」ための様々な教育や機会を提供していく活動をしています。そして性教育についてもこの中の活動の一つとして取り組んでいます。

私が性教育の道を進むと決めた時に掲げた一つの目標が「すべての子ども達に包括的性教育を」というものです。国際セクシュアリティ教育ガイダンスに基づいた包括的性教育を、まずは国内のどこに住んでいてもすべての子ども達が一律に受けられる環境が整うように尽力すること。これが今の私の使命だと思っています。ではそのために今やっていること、そしてこれからやっていきたいことをご紹介したいと思います。

学校での講演だけでなく、広く地域の大人達に包括的性教育を知っていただく機会を

第1章でも述べたとおり、今の日本の性教育は「運次第」と言われている現状では、「すべての子ども達に包括的性教育を」という目的地は果てしなく遠く、時にめげそうになることもあります。でも一歩一歩進んでいけば確実に変わっていくと信じています。実際に、本格的な活動を始めて3年目となった現在、少しずつ講演に呼んでいただける場所が増えてきました。それはとてもありがたいことです。一つでも多くの講演に呼んでいただき、一人でも多くの人に性についての正しい知識や性教育の大切さを伝えること。それが私がまずやれることなのだと思っています。でも、私の身は一つなので、私が講演に回れる数にはやはり限界がありますし、例えば予算の関係等で、今年は呼んでもらえても来年はどうなるかわからない。それでは「運次第」の状況はあまり変わらないのかもしれません。

また、これまでにも述べてきたように、包括的性教育を進めていくためにはもちろん年1回の講演で伝えきれることには限界がありますし、保健体育の授業や養護教諭の先生だけで賄えるものでもなく、あらゆる教科で横断的に、まさに学校全体で取り組んでいく必要があります。

そのことをぜひ多くの教育関係者や地域の方々に知っていただきたい。そのために、

最近は少しずつそういった教職員向けの研修の場や、医師会、歯科医師会、薬剤師会等の地域の関係機関の皆さまにもお話しさせていただく機会も増えてきました。

今のこの状況を変えていくためには、一人でも多くの大人が、「性」や「性教育」というものを捉え直して、国際基準に基づいた包括的な性教育を、家庭・学校・地域ぐるみでどうやって進めていくのかを考えていくことが必要不可欠だと思いますので、その問題提起をさせていただく機会に今後も携わることができればいいなと考えています。そのために、自分ももっともっとその根拠となる知識と経験を増やしていかなければいけません。精進していきます。

「げっけいのはなし　いのちのはなし」絵本アンバサダーの養成

前述したように、私の身は一つです。でも、この絵本に込めた思いや、小さい頃からの性教育の大切さをもっと多くの方々に届けたい。その思いで、ＮＰＯ法人ＨＩＫＩＤＡＳＨＩでは「げっけいのはなし　いのちのはなし」絵本アンバサダーの養成を始めました。２０２３年11月末現在、第７期生まで合計39名の絵本アンバサダーが17都府県＋２ヶ国（アメリカ、マレーシア）で活動してくださっています。私の思いに賛同し、こうして一緒に大切なことを広めてくれる仲間がいることが本当に心強いです。これからも２～３か月に一度のペースで養成講座を開催していく予定ですので、興味のある方は法人のホームページ等をご確認ください。

性教育について興味はあるけれど、講座を受けるというのはなかなか重い腰が上がらない。また、日々の生活の中で性についてちょっとしたことが気になっているけれど、予約を取って相談料を払って相談するほどではない。そんな方々のために、予約不要・相談無料で気軽に出入りできる「性教育カフェ」を始めました。

「性教育カフェ」の開催

もともとは主に中高生や若者に向けて、性について気軽に正しい知識を学んだり相談したりする「ユースカフェ」を開催していたのですが、性は若者だけではなくすべての年代の人に関わること。それに、もともと私の活動が保護者向けメインだったこともあり、広くいろいろな世代に利用してもらえるように、今は「性教育カフェ」を展開しています。（その中に、若者向けの「ユースカフェ」も残しているような位置づけです。）

現在は私の居住地である兵庫県と、ＮＰＯ法人ＨＩＫＩＤＡＳＨＩのもう一人の性教育講師である山谷真子氏が活動している宮城県で主に開催していますが、今後少しずつその輪を広げていけるといいなと思っています。予約を取らずＳＮＳ等の告知だけで不定期に開催しているので、時には参加者がゼロの日もあります。決して効率は良くないかもしれませんが、性について話すことがもっと身近になるように、そして、「何かあればここに相談すればいい」と思ってもらえる心の拠りどころになれるように、これからも細く長く継続していきたいと考えています。

障害のある方々への性教育

「すべての子ども達に包括的性教育を」という中には、もちろん障害の有無に関わらずということも含まれます。少し話がそれますが、私が保健師になったきっかけをお話ししますと、それは大学時代に視覚障害をお持ちの方々と交流させていただく機会があったことが大きいと思っています。まだまだこの社会は障害があるというだけでこんなにも生きづらいのかということに気づかされた経験だったからです。思えば、「誰もが自分らしく生きられる社会を作りたい」という今の活動の原点の本当の元となる思いは、この時の経験からすでに心の奥底に持っていたようにも思います。

「障害者と性」と聞くと、そんなもの二の次だろう、必要ないだろうという印象を持つ人もいるかもしれません。しかし、「性と生殖に関する健康と権利（リプロダクティブ・ヘルス／ライツ）」は障害の有無に関わらず誰にも保障されたものです。また、障害がある場合、健常者と比べて情報量に差が出てしまうこともあるかもしれませんが、それにより望まない結果に繋がってしまうことは避けたいですし、性的な搾取をされるということは絶対にあってはいけません。

だから私は、そういった性についての情報が少ない可能性のある方々にもアプローチしていきたいと思っています。具体的な取り組みとしては、まず「げっけいのはなし」を点訳化し、視覚障害のある子ども達や親御さん達に届けたいと考えています。そしてそれと同時に、点字というものを視覚障害のない子ども達にも知ってもらうために、「げっけいのはなし」の点訳版がその架け橋になればいいとも考えています。現在、資金的な面で具体的な計画は一旦止まってしまっていますが、お力を貸していただける方はぜひご連絡いただけますと幸いです。

また、私は今、手話を習っています。いつか聾学校で手話で性教育をするため、また、聴覚障害のある親御さんに家庭での性教育の大切さを伝えるためです。性教育は専門用語もたくさんありますし、伝え方にも様々な配慮が要りますので、日常生活で必要な手話を覚える以上の知識と技術が必要となることは容易に想像できます。私にとってはこれまた先の長い話です。でも、「聴覚に障害があっても性教育についてはこの人に聞けば安心」という存在がいるのといないのとでは全然違うのではないかと勝手に使命感に燃え、日々学びを続けています。

それ以外にも、障害のあるお子さんやご家族の方、支援をされている施設職員さん等と連携をしながら、必要な性教育をお届けしたいと考えています。

フリースクールへの支援

現在、いわゆる不登校の子どもは年々増え、令和4年度の小中学生の不登校の数は約30万人と言われています。地域の学校に通っていなくても、例えば国語や算数といった主要教科は、通信教育等何か別のもので補うこともできるかもしれません。でも性教育のようなニッチな教科は受ける機会は失ってしまうのではないでしょうか。しかし何度も言っているように「性と生殖に関する健康と権利」は誰にも保障されるべきものです。

もちろん、不登校のお子さんのうちすべての子がフリースクール等に通っているわけではありませんが、どこか接点を持てる場があれば積極的に関わらせていただきたいと考えています。

包括的性教育を国内で、そして世界へ向けて

現在、「げっけいのはなし」は韓国、そして台湾・香港で現地の言葉に訳されて出版されています。これに加えて、現在英語版を製作できないかと検討しています。英語版

があれば、欧米はもちろん、性教育が充分に行き届いていない途上国の子ども達へも大切なことを届けられる可能性が広がります。現在、途上国の子ども達の支援をしているＮＰＯや団体様と連携をしながら検討を重ねているところです。また、国内のインターナショナルスクールに通う子ども達や在日の外国籍の子ども達にも広く活用していけるのではないかと考えています。「すべての子ども達へ包括的性教育を」という目標は果てしないですが、「げっけいのはなし」がその一つの架け橋になることを願っています。

今はこのようなことに取り組んでいきたいと考えています。

なお、この取り組みはすべて、今は私の個人活動ではなくＮＰＯ法人ＨＩＫＩＤＡＳＨＩの事業として展開しています。学校等からの講演活動は規定の講演料をいただいておりますが、ここで述べた取り組みの中には、充分な財源はないけれども必要性の高いものもたくさんあります。それらをすべて講演活動からの収益で賄うのはとても厳しい状況です。今後更に活動を広げていくためにも、そしてスタッフが持続可能な活動をするためにも、皆さまからのご支援は欠かせません。

ＮＰＯ法人ＨＩＫＩＤＡＳＨＩでは常時皆さまからのご寄付を受け付けています。すべての子ども達に「生きる力を引き出す教育＝生教育」を届けたい。私達の思いに賛同いただける方は、ぜひＮＰＯ法人ＨＩＫＩＤＡＳＨＩのサポーターになっていただけませんか。毎月定額の継続サポーターになっていただくこともできますし、単発のご支援も大歓迎です。また、講演のご依頼、性教育カフェ開催場所のご提供等も合わせてお待ちしております。

これからの子ども達が自分らしく幸せに生きられる社会になるよう、お力添えの程どうぞよろしくお願いいたします。

わすれないでください。

【もんだい②】

　おともだちと　てを　つなぎたいなと　おもったら　どうする？
　だまって　てを　つなぐ。
「てを　つなごう」と　こえを　かけてから　てを　つなぐ。
　あいての　きもちを　きいてみる。

　さあ、これはどうでしょうか。もんだい①で　あったように　あなたの　こころや　からだは　あなたの　ものです。それと　おなじように　おともだちの　こころや　からだは　おともだちの　ものです。だから、あなたが「こうしたい」とおもっていても、ひょっとしたら　あいては　おなじように　かんがえていないかもしれません。あいての　こころは　みえないもんね。

　じゃあ、そんな　ときは　どうしたら　いい？

　そう、ことばに　して　きいてみよう！

「てを　つないでも　いい？」「おにごっこ　して　あそぼう！」

　あいては　「うん、いいよ」って　いってくれるかな。

　はんたいに、おともだちに　そう　きかれた　ときに、「いやだな」「いまは　そんな　きぶんじゃ　ないな」と　おもったら、「いやだ」って　いえるかな？

　みんな　ちがう　にんげんだから、おなじ　きもちでは　ない　ときも　たくさん　あります。そんな　ときに、じぶんの　きもちを　きちんと　あいてに　つたえたり、あいての　きもちを　きいて　みる。おたがいの　きもちを　そんちょうすることが　とても　たいせつです。

　ぜひ　おぼえて　おいてね。そして　たのしい　まいにちを　すごしてほしいなと　おもいます。

「げっけいのはなし　いのちのはなし」を　よんでくれている　おともだちへ。

「げっけいのはなし　いのちのはなし」をいつも　よんでくれて　ありがとう。とてもうれしいです。

「つぎの　えほんを　だしてください」という　リクエストを　くれた　おともだちも　います。ほんとうに　ありがとう。

まだ　つぎの　えほんを　だす　よていは　ないので、かわりに　ここで　クイズを　だしたいと　おもいます。

【もんだい①】

しんせきの　おじさんに　きゅうに　からだを　こちょこちょ　されました。おじさんは　あなたが　よろこぶと　おもっているようです。でも、あなたは　こちょこちょされるのが　にがてです。さて、あなたは　どうしますか。

おじさんは　じぶんを　よろこばせようと　しているだけなので、がまんする。
「やめて」と　いう。
だまって　にげる。

ここで　たいせつなのは「あなたの　からだは　あなただけのもの。だれかが　かってに　さわってきて、『いやだな』と　おもったら『いやだ』と　いって　いいんだよ。」ということ。

がまんせずに『いやだ』と　いうことは　あなたを　まもる　とっても　たいせつな　ちからに　なります。

でも、なかなか　いえない　おともだちも　いると　おもいます。そんな　ときは　おとうさんや　おかあさんや　あなたを　まもってくれる　おとなに　そうだんしてみよう。あなたの　こころも　からだも　あなたのもの。どうか　それを

[著者プロフィール]

大石　真那（おおいし　まな）

兵庫県在住。兵庫県立長田高校、神戸大学医学部保健学科卒業。保健師・看護師・思春期保健相談士。2004年に保健師として兵庫県庁に入職。2017年の第4子妊娠・出産を機に性教育の大切さに気づき、性教育講師としての活動を開始。2022年4月、「子ども達のイキルチカラヲヒキダス」をコンセプトにNPO法人HIKIDASHIを設立。性教育を中心に様々な事業を展開している。3男1女の母。
絵本作品:『げっけいのはなし　いのちのはなし』(みらいパブリッシング)

NPO法人　HIKIDASHI
(https://ikiru-hikidashi.org)

[参考文献]

◎「おうち性教育はじめます」(KADOKAWA・2020年3月3日)
著者：フクチマミ、村瀬幸浩

◎「おうち性教育はじめます　思春期と家族編」(KADOKAWA・2022年12月15日)
著者：フクチマミ、村瀬幸浩

◎「子どもと性の話、はじめませんか?」(CCCメディアハウス・2021年7月22日)
著者：宮原由紀

◎「みがまえなくても大丈夫!　性教育は、こわくない」(IAP出版・2021年12月20日)
著者：田中まゆ、山分ネルソン

◎「国際セクシュアリティ教育ガイダンス【改訂版】」(明石書店・2020年8月15日)
編者：ユネスコ 訳者：浅井春夫、艮香織、田代美江子、福田和子、渡辺大輔

[引用]

◎「『中田敦彦の妻』になってわかった、自分らしい生き方」(講談社・2023年7月20日)
著者：福田萌

◎「ソーシャルジャスティス」(文藝春秋・2023年4月20日)
著者：内田舞

「げっけいのはなし　いのちのはなし」
から広《ひろ》がる世界《せかい》
子《こ》ども達《たち》に伝《つた》えたい「性《せい》」と「生《せい》」の話《はなし》

2024年2月22日　初版第1刷

著　者／大石《おおいし》真《ま》那《な》
発行人／松崎義行
発　行／みらいパブリッシング
〒166-0003 東京都杉並区高円寺南 4-26-12 福丸ビル 6F
TEL 03-5913-8611　FAX 03-5913-8011
https://miraipub.jp　E-mail: info@miraipub.jp
企　画／田中英子
編　集／市川阿実　塚原久美
イラスト／深井あずさ
ブックデザイン／池田麻理子
発　売／星雲社（共同出版社・流通責任出版社）
〒112-0005 東京都文京区水道 1-3-30
TEL 03-3868-3275　FAX 03-3868-6588
印刷・製本／株式会社上野印刷所

ISBN978-4-434-33440-5 C0037